「学びの公共空間」としての公民館

佐藤一子
Katsuko Sato

「学びの公共空間」としての公民館

九条俳句訴訟が問いかけるもの

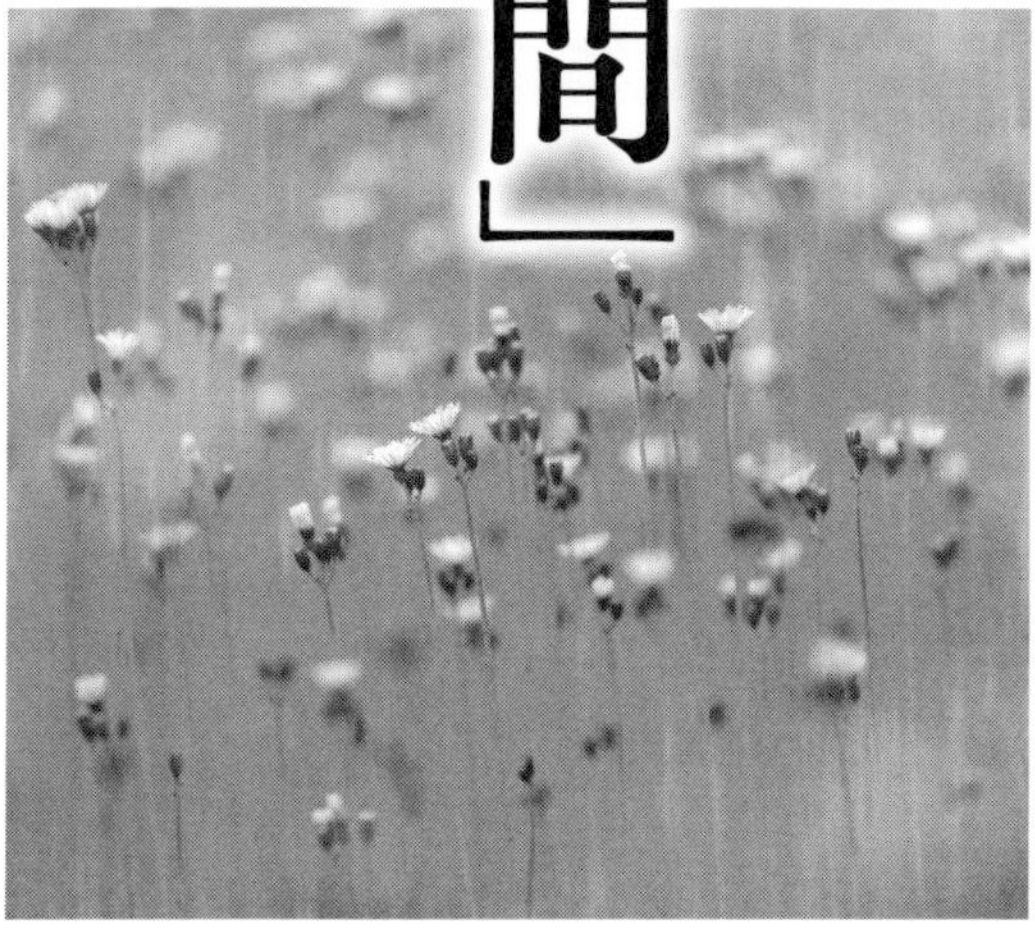

岩波書店

目次

序章 「学びの公共空間」としての公民館

はじめに

全国の地方自治体には、社会教育法にもとづく公共的な社会教育施設として、公民館、図書館、博物館等が設置されている。図書館、博物館は戦前から国際社会に共通する施設であるが、公民館は戦後改革期に日本の地域実情に即した施設として設置が奨励され、現在約一万四〇〇〇館、中学校数よりも多い公共施設として普及をみている。

公民館は日常生活圏にねざし、生活課題や社会問題の学習、一般教養・生活技術の習得、生活文化創造、共に生きる社会づくりなどを目的とする学習文化活動の場となっている。近年では、災害時の避難所、防災・環境問題など地域課題の学習、少子高齢化社会にむけた相互扶助や地域活性化など、地域住民相互の協同、住民と行政との協働を促すためのよりどころとしての役割が増大しており、世代を超えた交流と学びの場としてその存在意義がとらえ直されつつある。

他方で、公民館や公共施設で開催される住民の集会や学習会・講演会、あるいは演劇・映画などの公演にいたるまで、内容が政治的であるという理由で利用を不許可にする、あるいは市民団体のちらしに政治的用語が使われているからロビーなどでの配架を認めないなどの問題が多発している。

さいたま市の地区公民館では、公民館の依頼で利用団体の俳句会が秀作を毎月公民館だよりに掲載していたところ、二〇一四年六月に提出された「梅雨空に『九条守れ』の女性デモ」という俳句が不掲載となった。教育委員会はこの俳句が公民館の「公平・中立性」と相容れないとして掲載を認めず、俳句作者は二〇一五年六月二五日に提訴した。いわゆる「九条俳句訴訟」である。さいたま地裁、東京高裁の判決ではいずれも俳句不掲載は違法としてさいたま市に損害賠償を命じたが、さいたま市は上告し、俳句作者原告側も上告して、最高裁で係争中である。

住民にとって身近なつどいの場所、共同学習やサークル活動のよりどころ、そして民主的な討議空間でもあるはずの公民館や類似施設で、なぜこのような問題が生じているのだろうか。社会教育施設等で「学習の自由」がどのように保障され、政治的中立性はどのような法的根拠をもつのか、九条俳句訴訟の市民運動、判決をめぐる法的な論議から、汲みとるべき示唆は大きい。

九条俳句訴訟が問いかけている公民館の課題、そして近年、自治体行政改革の一環として公民館の見直し計画や公民館不要論も広がっているなかで、一人ひとりの市民にとって公民館はどのような意味をもつのか、学びの公共空間としての存在意義について考えてみたい。

1　地域にねざす社会教育施設

●公民館の公共性と地域性

公民館は社会教育法にもとづく教育施設であり、基本的に市町村が設置し公費で運営され、すべての住民に開かれた教育機関であるという「公共性」をもつ。しかし、その理念は学習者・住民の関わり方に即して、より幅広く理解される必要がある。

図書館や博物館は資料の提供や展示を特色とするが、公民館は学級・講座などの定期的な学習機会の提供、討論会、講習会、講演会、展示会等の実施、文化・スポーツ・レクリエーション行事の開催、学習文化サークル・団体の利用を主な目的としている。学習の主体はグループや団体、あるいは講座や講演会に参加する不特定多数の地域住民である。さらに公民館利用団体や自治会、PTA、青少年団体などの地域諸団体が公民館運営審議会や公民館利用者懇談会などをつうじて公民館の運営に関わり、住民参加による運営をおこなっている。

社会教育法では国、地方公共団体は「すべての国民があらゆる機会、あらゆる場所を利用して、自ら実際生活に即する文化的教養を高め得るような環境を醸成するように努めなければならない」（第三条）と規定している。近年では、生涯学習の考え方から学校修了後の継続的な学習機会として、大学等の公開講座、公益法人や民間事業体による講座・講習の機会などが多様に広がっている。そのなかで公民館は「実際生活に即する」学びを基本にすえ、学びを通して生まれる相互の関係性が地域社会の具体的な活動に結びつき、学習文化活動と地域社会活動との循環性を創り出している点で、他の学習機会にはみられない独自性がある。地域の環境問題、子育てや高齢化問題の学習、地域資源を活かしたまちづくり学習などをつうじて、地域のつながりづくりや課題解決へと発展していく過程は、地域に密着した公民館らしい学習の展開といえる[1]。

公民館は建物、インフラストラクチャーが住民のオープンな参加・利用に供されているが、事業が建物の外にも展開して出前事業、フィールドワーク、学校、児童館、図書館、博物館、社会福祉施設、地域諸団体やＮＰＯなどとの連携、地域全体の文化・スポーツ行事なども日常的に実施されており、建物内部から地域(立地する管区)全体に広がっている。学習者の参加形態、事業のあり方、立地する地域性によって学びの「場」がフレキシブルに広がり、学びの過程を通じて相互の応答関係も自由に構築されていくことが公民館の可能性であり、一般公共施設や民間カルチャーセンターとの明らかな違いといえる。地域にねざした公民館の運営には、公民館主事・職員のコーディネーターとしての役割、専門的力量が欠かせない。

●自己教育・相互学習のための「地域的な公共空間」

政治学の理解では、「公共性」は三つの条件をもつ。(1)「国家に関係する公的な(official)もの」(2)「特定の誰かにではなく、すべての人びとに関係する共通のもの(common)」(3)「誰に対しても開かれている(open)……誰もがアクセスすることを拒まれない空間や情報」であるという条件である。このような条件をもつ場で「自らの『行為』と『意見』に対して応答が返される空間」(傍点原文ママ)として「公共的空間」が形成される[2]。

公民館、図書館、博物館はそれぞれ「公共空間」であるが、博物館、図書館は、図書・資料の公開・閲覧を条件として全国的、国際的連携も含む広域的な「公共空間」を構成している。これに対して、公民館は市町村区域内で地域住民の共通の関心と生活の共同性をベースにしながらつどい、学びあい、地域内で「応答が返される」関係を創り出すことを目的とする「公共空間」、すなわち地域住民の自己教育と相互学習の継続的発展を不断に創り出す「地域的な学びの公共空間」であるととらえることができる。「公民館だより」(館報)はそのための重要な媒体となっているのである。

自己教育と相互学習というとらえ方は、社会教育法制定(一九四九年)当時の『社会教育法解説』のなかで「社会教育は本来国民の自己教育であり、相互教育であって……国家の任務は国民の自由な社会教育活動に対する側面からの援助であり、奨励であり、且奉仕であるべき」であるとされ、社会教育の学習原理として重んじられてきた。(3)

地域住民を主体とする自己教育と相互学習が織りなす学びの公共空間だからこそ、公民館はコミュニティを創造する装置として機能し、立地する地域の伝統や環境、人々の生活のあり方に基盤をおきつつ、多様な定着過程をたどってきた。しかし、そのコミュニティ自体が時代によって大きく変化し、コミュニティを創造する学びとは何かが常に問われている。コミュニティの変容過程に即して戦後の公民館の歩みをたどり、地域づくりと主体形成、あるいは地域文化の創造の過程をふりかえることは、欠かせない視点である。

2　社会教育の組織化

新しい領域としての社会教育

公民館は戦後に制度化された社会教育施設であるが、社会教育という教育形態、方法は、近代国家の成立以降、あるいはそれ以前から世界各国共通にみられる。欧米諸国では、「成人教育」(adult education)、「民衆教育」(popular education)と称され、貧困層、非就学者層への識字教育、社会改良事業や民衆啓発事業としておこなわれてきた。市民団体や労働団体も、自発的な自己教育や労働者教育(self education, workers' education)を推進した。国家の構成員としての市民に権利・義務を教育する「公民教育」(civic education, citizenship education)も一九世紀末頃から各国で普及する。

日本では、明治期に一般大衆を対象とする教育啓発事業は「通俗教育」と呼ばれていたが、明治末期から大正期に入ると、欧米の事情をふまえて学校教育や家庭教育以外の「国家又は社会団体が一般社会を対象とする教育活動」という新たな領域として「社会教育」が体系的にとらえられるようになった(4)。一九二四(大正一三)年には文部省普通学務局に社会教育課が設置された。大正期には、社会教育が公共あるいは民間の主体によって組織化され、公民教育講座、自由大学運動、青年団や報徳会などの広がりをみる。

その後、軍国主義・ファシズム体制のもとで、「社会教育」は「思想善導」、「民衆教化」へと国家統制的な方向に転換され、国家総動員体制のもとに解消されていった。戦前社会教育体制は、「官府的民衆教化性」「非施設・団体中心性」と特徴づけられている(5)。戦後の教育制度改革では、このような近代化と軍国主義化の葛藤の歴史をふまえて、あらためて「自ら実際生活に即する文化的教養を高め」る自己教育の原理を根底におく社会教育の根本的な刷新が求められたのである。

社会教育の発展形態と国際的連関

戦後社会教育の代表的な論者、宮原誠一(一九〇九～七八)は、「社会教育の運動が、近代的学校制度に相対するものとして」おこり、学校教育の「補足・拡張・以外」の三つの発達形態をもつと類型化する。そのうえで社会教育は「社会的民主主義の勃興にともなって、民衆の下からの要求」によって発展し、他方で支配階級の対応策もとられ、「下からの要求と上からの要求とが合流して混じり合っている」と、国家的要請と民衆の自己教育運動の葛藤関係をもつ歴史的性格を浮き彫りにしている。(6)

国際的には、一九六〇年代頃から、地域への参加を高める教育という意味合いで、英米では「コミュニティ教育」(community education)、開発途上地域では地域発展を支える「非学校的形態の教育」(non-formal education)という新たな用語が通用しつつある。ＯＥＣＤやユネスコでは、継続教育の観点から「リカレント教育」(recurrent education)、「成人継続教育」(adult and continuing education)、「生涯教育・生涯学習」(lifelong education, lifelong learning)などが共通語となっている。一九九〇年代以降、グローバル時代の「市民性教育」(citizenship education)もＥＵを中心に成人教育・青年教育において重視されつつある。(7)

このように「社会教育」の領域、方法は国際的に共通しているが、発展形態が国・地域によって多様であり、用語も多様で、多義的な理解がなされている。社会教育は、国家的要請と民衆の自己教育運動、社会経済的課題、地域性・文化性に規定され、国際的な相互関連性をもちながら各国に定着をみているといえよう。

3　学習権の保障

●社会教育法制定と「社会教育の自由」

ポツダム宣言を受諾し新日本の建設と憲法制定論議が進むなかで、戦前から設置されてきた図書館、博物館に加えて、町村の集落を基盤とする社会教育施設として新たに公民館の設置が構想された。文部省社会教育課長・寺中作雄(一九〇九〜九四)は、公民館とは、「公民の家」であり、「われわれの為の、われわれの力による、われわれの文化施設」、「町村に於いて民主主義を実践しようとする新しい公民精神の修養場」であると述べている。荒涼とした戦後直後の社会状況のなかで人々がそれぞれの地域で立ち上がり、新日本の建設にむけて力を合わせていくために、「民主主義を我がものとし、平和主義を身についた習性とする迄にわれわれ自身を訓練しよう」と公民館の設置を呼びかけたのである(8)。

社会教育法では学習主体の自立性と学習の自由の尊重について、次のように明記している。「国及び地方公共団体は、社会教育関係団体に対し、いかなる方法によっても、不当に統制的支配を及ぼし、又はその事業に干渉を加えてはならない」(第一二条)。この条項は、社会教育行政及び公民館の運営における利用団体・サークル・グループの自立性と学習の自由を何よりも重視しなければならないことを明記した規定である。寺中が「社会教育の自由の分野を保障しようとするのが社会教育法制化のねらい」であると述べているように、「社会教育の自由」こそが、戦後社会教育法制のの思想が芽生えていた。

「権利としての社会教育」あるいは、学習権の理念が主張されるようになるのは、一九六〇年代から七〇年代以降であるが、社会教育法制定時には憲法的人権と民主主義の精神にもとづく学習権の根幹であった(9)。

●権利としての社会教育

公民館、図書館、博物館等の社会教育施設で利用者・学習者の学習の権利と自由をどう守るかという問題は、一九五〇年代から繰り返し問われてきた。日本図書館協会は、国民の「知る自由」を「図書館の自由に関する宣言」(一九五四年採択、一九七九年改訂)において明記している。この宣言は、戦前日本の図書館、社会教育が「思想善導」の役割を果たしたことを強く反省し、その轍を踏まないことを決意して採択されたものである。

一九六三年に大阪府枚方市教育委員会が提言した「社会教育をすべての市民に」の文書も、社会教育を憲法的権利としてとらえ、「社会教育は国民の権利である」、「社会教育の本質は憲法学習である」などの基本原則を打ち出しており、「権利としての社会教育」の思想形成を促した(第5章第一節で詳述)。

一九七〇年代には、教科書裁判で子どもの学習権が主張されるとともに、住民の自主的な学習運動を背景に、「国民の学習権」論が提唱される。「国民の学習権」の代表的な論者である堀尾輝久は、国民の学習権は「すべての国民のその全生涯に亘っての真実を知る権利、探求の自由」であり、「人権の実質を規定し、方向づけるいみにおいて、まさしく人権中の人権、とりわけ基本的（基底的《ファンダメンタル》）な人権」（ルビ原文ママ）であると定義している[10]。

九条俳句訴訟は、市民みずからが学習の権利と表現の自由を自覚して声をあげており、市民運動として学習権思想を体現し、現代的に再構築する舞台となっている。

ユネスコ学習権宣言と「共に生きることを学ぶ」

ユネスコは、教育を受ける権利を阻害されているあらゆる年齢層の人々にとって教育が機会均等であることをうたい、また開発途上地域での被抑圧的な状況下で民衆がみずから自主的に学ぶ成人教育の広がりをふまえて、第四回国際成人教育会議（一九八五年）において、「学習権宣言」を満場一致で採択している。世界人権宣言第二六条「教育への権利」を一人ひとりの人間、学習者の主体性に即して、「学習権」という新たな人権認識として成熟させていくことが国際的合意をみたのである。「学習権」は次のようにとらえられている。

> 学習権を承認するか否かは、人類にとって、これまでにもまして重要な課題となっている。
> 学習権とは、／読み書きの権利であり、／問い続け、深く考える権利であり、／想像し、創造する権利であり、／自分自身の世界を読みとり、歴史をつづる権利であり、／あらゆる教育の手だてを得る権利であり、／個人的・集団的力量を発達させる権利である。

宣言では、「学習活動は……人々を、なりゆきまかせの客体から、自らの歴史をつくる主体にかえていくものである」と、社会の主人公としての民衆の自己形成において学習が不可欠であることを明らかにした。学習権を人間が生存し続けること、すなわち人類的な共存と一体性をもつ人権であるととらえ、同時に、「個人的集団的力量」の発達を促す権利であると規定している点で、成人教育の学習原理の意義を浮き彫りにしたといえよう。

学習権宣言の採択後、ユネスコは、二一世紀の教育において人々が共に学ぶことが持続可能な社会づくりにおいて必須であることを国際社会に提起し続けている。一九九六年に提出されたユネスコ「二一世紀教育国際委員会」報告書『学習——秘められた宝』では、グローバル化し、緊張が高まる国際社会において、生涯学習は互いの共存を促し、未来を構築するための「社会の鼓動」であるとして四つの柱による学びを提唱した(11)。

第一は「知ることを学ぶ」(learning to know)、第二は「為すことを学ぶ」(learning to do)、第三は「共に生きることを学ぶ」(learning to live together)、そして第四に「人間として生きることを学ぶ」(learning to be)である。このような学びによって「人々が協力したり、不可避な摩擦を知性と平和的な手段で解決できるような新しい精神を創造する」ことが二一世紀の教育の未来像として示されたのである。

「共に生きることを学ぶ」という学習原理は、近代以降の成人教育の発達を促してきた鍵である。日本の戦後初期公民館の構想でも、原点にすえられていたといってよい。しかし、そこから二一世紀国際社会での人類の共存と持続可能な社会づくりの展望へと視野を広げることこそが、現代的課題となっている。あらためて原点に立ち返ると同時に、グローバル化する国際社会において「共に生きることを学ぶ」ために学びの公共空間の発展的な再構築を模索していく必要がある。

4　本書の課題と構成

本書では地域で住民が共に学び、文化を創造するという営みをふまえながら、九条俳句訴訟が問いかけている学習権、「学習の自由、表現の自由」を保障し、地域にねざす学びの公共空間として公民館がどうあるべきかを探求する。本論は以下のように三部構成をとる。

第Ⅰ部(一章から三章)では、九条俳句訴訟の過程、原告と被告の双方の主張と争点、さいたま地裁判決、東京高裁判決で判示された内容を検討し、それをつうじて公民館のあり方に対して問いかけられている課題を検討する。

第Ⅱ部(四章から六章)では、公民館の法制度的な理念をふまえ、戦後の公民館の普及・定着をつうじて、公民館における住民の主体的な学び、権利としての社会教育の思想がコミュニティを創り、地域にねざす学びの公共空間としての可能性を広げてきた過程を明らかにする。さらに、「共に生きることを学ぶ」ことが新たに求められる時代に入って、公民館像が大きく揺らいでいる状況をふまえ、公民館の今後のあり方を考察する。

第Ⅲ部(七章から九章)では、デモクラシーを育む公民館の理念に即し、学習内容・学習課題論に焦点をあてる。ここでは、現代的課題に関する学習として、人権・平和学習と地域課題解決学習の二つの系譜をたどり、このような公共性をもつ学習実践こそが、公民館を創造的に発展させる契機となってきたことを明らかにする。同時に、この二つの学習実践の系譜において、鋭く公民館の「政治的中立性」が問われてきたことに注目し、九条俳句訴訟の基本的な争点でもある政治的中立性が学習実践の展開においてどう理解され、社会教育の自由と学習権論が深められてきたのかを検討する。

以上の本論をふまえて、終章では公民館という「学びの公共空間」が真にデモクラシーを育む対話する社会づくりへのよりどころとなっていること、国際的に広がるCLC(コミュニティ学習センター)と連帯しつつ、持続可能な社会にむけた「地球市民の学び」を通じてグローカルな地平を拓く可能性をもつことを提起する。

(1) 佐藤一子『生涯学習と社会参加――おとなが学ぶことの意味』東京大学出版会、一九九八年。
(2) 齋藤純一『公共性』岩波書店、二〇〇〇年、vii〜ix頁。
(3) 寺中作雄『社会教育法解説　公民館の建設』国土社、一九九五年、二五頁(初刊は社会教育図書株式会社、一九四九年)。
(4) 吉田熊次『社会教育原論』同文書院、一九三四年、四頁。
(5) 碓井正久「社会教育の概念」長田新監修『教育学テキスト講座　第一四巻　社会教育』御茶の水書房、一九六一年、三七頁。
(6) 宮原誠一「社会教育の本質」(初出一九四九年)『宮原誠一教育論集　第二巻』国土社、一九七七年、一五、二七頁。

(7) C・ティトウムス他編、東京大学大学院教育学研究科社会教育学研究室比較成人教育ゼミナール訳『ユネスコ　成人教育用語集』(C. Titmus *et al.* eds., *Terminology of Adult Education*, UNESCO, 1979) 一九九五年、P. Jarvis, *An International Dictionary of Adult and Continuing Education*, Routledge, 1990 など参照。

(8) 前掲『社会教育法解説　公民館の建設』一八五〜一九〇頁。

(9) 同右、一四頁。

(10) 堀尾輝久「人権思想の発展的契機としての国民の学習権」小川利夫編『住民の学習権と社会教育の自由』勁草書房、一九七六年、九、三二頁。

(11) ユネスコ「二一世紀教育国際委員会」報告書、天城勲監訳『学習——秘められた宝』ぎょうせい、一九九七年、一四頁(*Learning: The Treasure Within*, Report to UNESCO of the International Commission on Education for the Twenty-first Century, 1996)。

第I部

九条俳句訴訟と学習権の思想

――「社会教育の自由」を問う

公民館だよりに掲載を拒否された「九条俳句」.
森田公司氏の書による．提供＝森田公司氏.

一九四九年に制定された社会教育法に「学習の自由」を尊重する社会教育施設の運営原理が明記されたが、公民館、図書館、博物館において「学習の自由、表現の自由」をめぐる問題はその後も問われ続けている。九条俳句訴訟では、学習権を尊重する公民館運営のあり方、自主的な社会教育団体・学習サークルと職員の関わり方が争点となった。東京高裁判決では、学習成果の発表は「社会教育活動」であり、思想信条の自由・表現の自由を最大限尊重して、公正な取り扱いがなされるべきであり、俳句不掲載は違法とされた。

第I部では、訴訟の過程から汲みとるべき学習権の法理とともに、学習者が声をあげ、みずから学習権を自覚化する過程に注目し、学習権を保障する公民館のあり方を考える。

第1章　社会教育施設における「学習の自由、表現の自由」

1　戦後教育改革と社会教育施設の設置

●教育基本法の制定と社会教育の認識

戦後日本の社会教育制度は、地方公共団体が設置・運営する図書館、博物館、公民館、社会体育施設などの公立社会教育施設が中核となっている。学校制度と並んで、学校外、地域社会に社会教育・生涯学習の機会が身近に環境整備され、社会教育・生涯学習振興の条件が整えられてきた。

一九四七年三月に制定された教育基本法（二〇〇六年改正前の旧教育基本法）は前文で、日本国憲法前文の精神を受けて「民主的で文化的な国家を建設して、世界の平和と人類の福祉に貢献しようとする決意を示した。この理想の実現は、根本において教育の力にまつべきものである」と述べ、「個人の尊厳を重んじ、真理と平和を希求する人間の育成」をうたっている。

さらに第二条（教育の方針）で「教育の目的は、あらゆる機会に、あらゆる場所において実現されなければならない」とし、第七条（社会教育）の「家庭教育及び勤労の場所その他社会において行われる教育」という条項とあわせて、教育がおこなわれる場を学校、その他の施設よりもはるかに広く、社会そのものに視野を広げている。

文部省(当時)の教育法令研究会『教育基本法の解説』では、「教育は、学校教育関係者だけに委せておいてよいことではなく、家庭を通じ、社会を通じ、国民全体によって不断に行われるもの」であり、二条(教育の方針)と七条(社会教育)は相互に関連しあっており、「学校教育と並んで社会教育が大いに尊重され、振興されなければならない」と説いている。(1) 新しい日本の教育は、「有意義な知識を得るために、できるだけ多くの源泉と方法とを開放するよう努むべきである」(第一次米国教育使節団報告書、一九四六年三月)という新教育の思想が教育制度改革に反映されている。国民一人ひとりが、実際生活の必要性に応じて自主的、自発的に学ぶこと、真理を探究し、文化創造の担い手となるよう社会教育を奨励することがうたわれ、戦後社会教育制度が出発したのである。

●社会教育施設の設置

社会教育の施設について、第一次米国教育使節団報告では成人教育計画として図書館、博物館をとりあげ、あわせて学校の夜間部、大学公開講座などが言及されていた。教育基本法第七条二項では、「国や地方公共団体は、図書館、博物館、公民館等の施設の設置、学校の施設の利用その他適当な方法によって教育の目的の実現に努めなければならない」と規定している。

公立図書館は、一八九九(明治三二)年に図書館令が制定され、大正期から昭和初期にかけて一定の普及をみていた。博物館も文化財保護と並行して明治期から建設されており、一九二八(昭和三)年に博物館事業促進会(一九三一年、日本博物館協会と改称)が発足して法制化を促進するが、戦時体制のなかで見送られてきた。これに対して公民館という名称の施設は農村公会堂のイメージに近いとされるが、戦前には岩手県水沢の後藤(新平)伯記念公民館以外には存在せず、戦後直後の一九四六年七月、公民館の設置に関する文部次官通牒によって、新たに設置が奨励された。

一九四九年に制定された社会教育法の第五条(市町村の教育委員会の事務)で、公民館、図書館、博物館、青年の家その他の社会教育施設の設置の方針が明確化された。公民館については目的・機能、職員配置とともに、公民館運営審議会による民意を反映した運営をおこなうことなど、地域社会教育施設としての条件が整えられていく。一九五〇年代初頭には、図書館九四四館(公立・私立合計)、博物館一〇六館(公立・私立合計)に対して、公民館は約三万館(全国市町村の七〇%に設置)と、圧倒的多数の設置をみている。公民館が地域の人々の話し合い・学びと生活文化振興の場として日本中の町村で求められ、社会教育施設体系の中核を形づくってきたことがわかる。(2)

2　公民館、図書館、博物館における「学習の自由、表現の自由」

公民館の政治的中立性

公立社会教育施設でしばしば問われることが、政治的中立性、公平性という問題である。公民館は団体が主催する集会等の利用も多いことから、政治的課題や地域課題について集会や学習会が開かれる際に、社会教育法第二三条の規定に違反するかどうか、裁判で争われたケースも存在する。社会教育法第二三条は、公民館が「営利事業を援助すること」、「特定の政党の利害に関する事業を行い、又は公私の選挙に関し、特定の候補者を支持すること」、宗教に関して「特定の教派、宗派若しくは教団を支援」することなどを禁止した条文である。

福岡県築上《ちくじょう》郡築城《ついき》町(現在、築上町)の築城基地日米共同訓練に反対する住民の学習会で公民館使用が不許可になった事例、佐賀県三養基郡中原《なかばる》町(現在、みやき町)大型ゴミ焼却場建設反対住民運動団体が政党の国会議員を招いて環境問題を考える住民懇談会をおこなうことについて公民館使用が不許可になった事例などをめぐって、公民館使用条例、社会教育法第二三条適用の妥当性が裁判で争われた。前者ではこの団体の学習会が「特定政党の利害に関する事業に該当するとは考えられない」(一九八九年福岡地裁判決)とされ、後者については「憲法に定められた集会の自由を実質的に保障するためには、公共の福祉に反しない限り、公民館という施設の利用が認められるべきである」(二〇〇一年佐賀地裁判決)と、利用者住民の集会について公民館使用の不許可は違法という判決が出ている。(3)

社会教育法第二二条(公民館の事業)にも、「六　その施設を住民の集会その他の公共的利用に供すること」と規定されており、公職選挙法の規定による限定を除き、一般に政党の合同政談演説会なども、住民の政治的教養の向上という点から開催はさしつかえないとの社会教育局長通達が出されている。(4)第二三条は公民館が主体となる際の禁止条項であり、また「特定政党」の差別的な扱いをせずに公平に扱うことが条文の趣旨である。

教育基本法(現行法)第一四条(政治教育)では、「良識ある公民として必要な政治的教養は、教育上尊重されなければならない」と定めている。この規定が、憲法学習や平和・人権学習、あるいは地域課題などの学習内容編成において具体的にどう活かされるかが、常に問われる。また公民館という学びの公共空間では、部屋の利用や学級・講座への参加にとどまらず、ロビーでの作品展示、ホールでの実演、公民館報における団体紹介や作品掲載等、施設・活動・広報などの総体が住民の学習の場、表現の場となっている。ロビーでの団体情報提供、住民参加による公民館報編集委員会など、多彩な活動において学習の自由、表現の自由を保障することは、社会教育施設としての公民館運営の基本である。

●「図書館の自由に関する宣言」

図書館は世界中どこにでもみられる普遍的な施設であるが、日本における図書館は戦前から戦後へ、大きくそのありようが変化している(5)。

明治初期に福沢諭吉の『西洋事情』で図書館が紹介され、書物や新聞・雑誌を閲覧できる場所として新聞縦覧所や書籍館《しょじゃくかん》が設けられるようになった。産業革命時代のイギリスではコーヒーハウスやクラブで市民・労働者が新聞や図書をまわし読みして新しい知識を得て談論する光景が日常化しており、建国期アメリカでも、草の根の成人の学習会と図書館における読書活動が一体化して広がっていた。日本でも自由民権運動のなかで会員制図書館が生まれ、「新知識を求めて設けられた新聞縦覧所的なものから……民衆の学習機関の一つとして成長する」過程がみられた(6)。大正期には、労働者教育の機関や農民学校などの施設に民衆図書館が設けられるようになる。民衆の学習運動のなかで育まれた図書館は人々の学習、自由な意見交換を促すために不可欠な知的資源であり、学びの公共空間を支える仕組みの一環として広がった。

他方で日露戦争以降、政府が進めた国力増強・地方改良のもとで、公立図書館は「健全」な図書、良書普及による通俗教育の役割を期待され、国家的統制が進められた。一九二五(大正一四)年の治安維持法、さらには昭和初期の教化総動員運動によって発禁図書が急増し、思想善導の一環として、官憲による閲覧図書調査も行われた。「国民に真実を伝える資料には触れさせず、日本精神の鼓吹や『聖戦』の思想を注入する宣伝材料しか持たず、国民を教化する機関化」して「本来の公共図書館の使命は、全く失われてしまった」のである。(7)

戦後、社会教育法にもとづき一九五〇年に図書館法が制定され、ここでは一般公衆の利用と無料原則を明記して制度的に刷新された。しかし一九五〇年代を通じて図書館のイメージはまだ古く、「戦前の忌わしい修養機関」「学生の勉強部屋」といった観念をひきずっており、地方財政の貧困下で新しい図書館建設は低迷していた。しかも五〇年代初頭には朝鮮戦争勃発、レッドパージなどの政治情勢の緊迫によって、再び官憲による閲覧調査などがおこなわれ、図書館利用に制約が加えられた。埼玉県秩父市立図書館の司書の机のなかを警察官が調べるという五二年の事件をきっかけに、埼玉県図書館協議会は日本図書館憲章制定の必要性を訴えた。

日本図書館協会は二年間の検討を経て、一九五四年の全国図書館大会で「図書館の自由に関する宣言」を採択し、基本的人権のひとつとしての「知る自由」を保障する公共図書館のあり方を社会的に提起した。ここでは、①図書館は資料収集の自由を有する、②図書館は資料提供の自由を有する、③図書館はすべての検閲に反対する、という原則が共有され、「図書館の自由が侵されるとき、

われわれは団結して、あくまで自由を守る」という図書館職員としての強い自覚が表明されている。(8)

一九七〇年代に入り、再び言論の自由、出版妨害などの事件が増大する時代状況のもとで、七二年に山口県立図書館で反戦書など五〇冊余が偏向図書として封印されていることが発覚し、大きな社会問題となった。アメリカ図書館協会の「図書館の権利宣言」(Library Bill of Rights, 1948)、各図書館でのさまざまな取り組みをもとに七四年に日本図書館協会は「図書館の自由に関する調査委員会」を設置し、一九五四年の宣言改訂のための検討作業に着手した。

一九七九年に採択された「図書館の自由に関する宣言」では、「知る自由は、表現の送り手に対して保障されるべき自由と表裏一体をなすものであり、知る自由の保障があってこそ表現の自由は成立する」と「国民の知る自由」を現代的にとらえ直している。旧宣言の三原則を改訂し、「図書館は利用者の秘密を守る」を三項に挿入して四原則とした。新宣言では「宣言の基礎を『中立性』を媒介にするのではなく、『憲法上の国民主権の原理と表現の自由におくことにより、それを実質化する図書館の役割、権利としての知る自由の保障』を論理構成した」点に現代的意義があると評価されている。(9)

船橋市西図書館蔵書廃棄事件最高裁判決(二〇〇五年七月一四日)には新宣言の趣旨が反映されており、九条俳句訴訟の一審・二審判決において違法判断の根拠として参照されたことは重要な意義がある。この点については次章で詳述する。

日本図書館協会は一九六三年に「中小都市における公共図書館の運営」(中小レポート)で住民にとって身近な図書館のあり方を提起し、地方都市における図書館普及、貸し出しサービスの重視への機運を生み出した。図書館の地域配備を進めつつ、移動図書館やアウトリーチ、児童・青少年サービス、レファレンス、読み聞かせボランティア、障害者サービス、映写会・鑑賞会、図書・資料の展示など、利用者サービスの充実がはかられてきた。

一九六〇年代後半以降増設が続き、公共図書館のイメージは大きく刷新されたといえる。二〇一五年には全国で三三〇〇館を超え、利用人口ものべ二億人に近づいている。図書館は学校や公民館とも連携しつつ、幼児から高齢者、在住外国人など幅広い住民層の知的探究心に応え、日常生活圏になくてはならない「学びの公共空間」として定着している。

●博物館の自立性と企画・展示における「表現の自由」

博物館も一九六〇年代以降、大きくその姿を変えつつ普及してきた社会教育施設である。公民館、図書館と異なる特徴として、①歴史、芸術、民俗、産業、自然科学等の多様な種類があること、②教育委員会の登録を受けた公立・私立の博物館あるいは指定を受けた相当施設以外に、社会教育法範疇外の多数の博物館類似施設があること、③資料に関する専門的、技術的な調査研究が法的に明記され、学術的専門的な機能を重視した施設であること、などがあげられる。

図書館と同様、六〇年代以降に増設が進み、博物館の運営のあり方もそれまでの保存中心(第一世代)から公開中心(第二世代)へ、そして八〇年代以降は参加中心(第三世代)の博物館、すなわち「継続的な利用を通して知的探究心をはぐくんでいく」という主体的な学習の場に発展しつつある。(10)学校と連携する「学博連携事業」や体験教室・野外活動など、学習の場としての創造的な事業展開が注目される。継続的な利用をつうじて、一般的な知識・教養の習得からより生活に密着して「地域を見直し、……日常生活での新しい課題を発見する」という主体的な学びの可能性が生まれている。(11)

博物館は二〇一五年に全国で一二五六館(相当施設を含む)設置されているが、類似施設は四四三四館と、その三・五倍に及ぶ。利用人口も類似施設の利用者を含めると、のべ三億人に近い。このなかには観光・レクリエーション機能をもち、設置者も公私にわたり多様でフィールドミュージアムとして文化的資源となっているものなど、地域活性化のために活用されている施設も少なくない。その目的は社会教育法・博物館法の枠を超えて多様である。さらに二〇一八年の新・文化庁発足に伴い博物館の所管が文部科学省から文化庁に移管されることとなり、今後、社会教育施設として、地域文化振興のための資源活用や経済効果を重視した運営をおこなうことが方向づけられている。第四世代の博物館への移行によって、第三世代の博物館で育まれてきた学習的価値がどう守られていくのかが課題となっている。

博物館、特に美術館では作家の作品をめぐって「表現の自由」が問われ、また企画展でも学芸員に対して規制が求められるケースもある。これまで展示内容をめぐって偏向しているなどの理由で作品が撤去されたり、裁判になった事例も存在する。二〇一四年二月には東京都美術館で彫刻家中垣克久の「時代《とき》の肖像―絶滅危惧種 idiot JAPANICA 円墳」の作品展示がおこなわれ、政権批判の表現などの一部撤去を求められた。(12)

日本博物館協会は、二〇一二年七月に「博物館の原則」及び「博物館関係者の行動規範」を採択している。行動規範は①貢献、②尊重、③設置、④経営、⑤収集・保存、⑥調査研究、⑦展示・教育普及、⑧研鑽、⑨発信・連携、⑩自律の一〇項目にわたっており、②尊重では「博物館に携わる者は、資料の多面的な価値を尊重し、敬意をもって扱い、資料にかかわる人々の多様な価値観と権利に配慮して活動する」と述べている。この項目は国際博物館会議(ＩＣＯＭ)が定めている職業倫理規定「収蔵品は……民族的、宗教的もしくは政治的独自性との強い類縁性を含みうる、通常の属性を超えた性格を有する」ため、博物館はその可能性に応えるという内容を反映したものである。多様な価値観の尊重は博物館のあり方そのものに関わる原則といえる。[13]

二〇一七年五月には第六六回全国美術館会議総会で「美術館の原則と美術館関係者の行動指針」が採択された。ここでも原則⑵「美術の作品・資料及びそれにかかわる環境の持つ多様な価値を尊重する」、⑷「人々の表現の自由、知る自由を保障し支えるために、活動の自由を持つ」ことが規定され、行動指針⑷では「自由の尊重と確保」の項目で「美術館は、日本国憲法に定められた国民の表現の自由、知る権利を保障し支える」と述べ、次のように解説している。

美術は、人々のさまざまな価値観が出会いぶつかり合うなかで、表現活動と鑑賞活動を通じて、不断に新たな価値が生み出されていく分野である。……日本国民は、日本国憲法によって、公共の福祉に反しない限りにおいて、また個人の諸権利を侵害しない限りにおいて、表現の自由及び知る権利(見る権利)を与えられている。美術館は、この自由と権利を保障し支援する。[14]

図書館、博物館・美術館では、(1)資料、所蔵品が多様な価値をもち、作者の表現の自由が尊重されなければならないこと、(2)館の運営、事業の企画・実施、多様な利用形態の全体にわたって、国民の「知る自由」「表現の自由」という憲法的人権にもとづく社会教育における「学習の自由、表現の自由」が尊重されなければならないこと、(3)そのために館の自立性、職員の自律性が確立されねばならないこと、などの原則が明確化されている。憲法的人権の理解が現場でのさまざまな経験をもとに深められ、共有され、社会教育施設運営の原則として確立されてきたという過程が重要であり、多様化しつつある社会教育施設の運営に活かされていくことが課題である。

第2章　九条俳句訴訟が問いかける「大人の学習権」

1　「九条俳句不掲載」問題とは

公民館だよりへの九条俳句不掲載

さいたま市には、ほぼ中学校区単位に六〇館の公民館（各区に拠点公民館、全市レベルに生涯学習センター一館）が設置されている。利用登録団体数は二万団体を超え、年間利用者数も約二八〇万人にのぼる。[15] 人口一三〇万人の大規模政令指定都市であるが、合併前の旧浦和市、大宮市、与野市、岩槻市それぞれに公民館が配置され、その歴史は一九五〇年代初頭にさかのぼる。各公民館は館報（公民館だより）を発行しており、多くは自治会の協力で地区内に配布されている。公民館だよりに文芸コーナーを設けてサークルの作品や地域住民の投稿した俳句・短歌を掲載すること、公民館利用者の声やサークル活動の様子などを記事にすることは、全国各地の公民館だよりでも広くおこなわれている。

大宮区三橋《みはし》公民館では二〇一〇年に利用団体に声をかけて俳句や絵手紙、切り絵などのサークルの作品を公民館だよりに掲載し始めた。M俳句会は会員相互の批評と指導者の講評によって秀句を毎月一句選び、二〇一〇年一一月から掲載してきた。二〇一四年七月号にむけて選ばれた「梅雨空に『九条守れ』の女性デモ」という俳句は、作者が東京で見かけた女性たちのデモに心を動かされて詠んだものである(第I部の扉写真)。しかし、翌日、公民館からの電話で「世論が二分するようなテーマの俳句は『公民館だより』には載せられない」と不掲載を伝えられた。これまで一度もなかったことである。

説明を求めた俳句会代表代行や作者に対して、公民館職員は、①「公民館は常に中立の立場でなければならない」、②「世論が大きく二つに分かれている場合、片方の意見だけ載せることはできない」、③「『九条守れ』のフレーズが公民館の考え方であると誤解を招く可能性がある」という理由をあげた。作者が文書による回答を求め、公民館館長名で送られてきた七月三日付けの文書では、社会教育法第二三条、市の広告掲載基準(「国内世論が大きく分かれているものは、広告掲載をおこなわない」という規定がある)、そして右の③などが、不掲載の理由とされていた。

しかし、五カ月後の一二月一〇日付けで、これらの理由を訂正する文書が届いた。先の文書の三つの理由はすべてあてはまらないとして撤回し、掲載できない理由は「公民館だよりは、……公共施設である公民館が責任を持って編集・発行している刊行物でありますので、公平・中立であるべきとの観点から、掲載することは好ましくないと判断した」としている。公共施設である公民館の刊行物の「公平・中立」という理由が不掲載の根拠とされたのである。

作者は納得できず、市民団体と共に当該公民館、拠点公民館職員との話し合いを続けたが、公民館側は不掲載措置を撤回しなかった。「このままではうやむやにされる」と作者は二〇一五年六月に提訴の決意をし、二四名の原告弁護団（二審では二七名）が結成された。

「九条俳句不掲載損害賠償等請求事件」をめぐって、二〇一七年一〇月一三日にさいたま地裁は俳句不掲載は違法とし、さいたま市に五万円の損害賠償を命じた。さいたま市、原告側共に控訴し、二〇一八年五月一八日に東京高裁判決が出された。ここでも不掲載は違法として、さいたま市に五〇〇〇円の損害賠償が命じられた。しかしさいたま市は不服として上告し、原告側も上告して最高裁で係争中である。(16)

埼玉弁護士会は、二〇一八年六月二九日付けで、人権救済申立事件としてさいたま市に勧告をおこなった。ここでは「申し立て人の思想・信条を理由とした合理的理由のない不公正ないし不公平な取り扱い」であり、憲法第一四条一項に違反し、「申し立て人や地域住民の表現の自由（憲法第二一条）に対する萎縮的効果を生じさせるおそれがある」として、公平公正な取り扱いを勧告した。弁護士会の総意を示す重要な勧告であるにもかかわらず、さいたま市は掲載を検討せず、現場解決を求める市民グループとの話し合いも平行線をたどっている。

九条俳句訴訟では、一〇〇〇人を超える全国の有志の協力のもとで「『九条俳句』市民応援団」が結成され、訴訟支援、集会開催、ニュース発行などの市民運動を展開してきた。日本社会教育学会、日本公民館学会、社会教育推進全国協議会、社会教育・生涯学習研究所の四団体が「学習の自由と公民館」に関する教育研究団体等連絡会議を発足させ、東京高裁判決を受けて「さいたま市は……司法判断を遵守してすみやかに違法性を解消することが必要」との「見解」を公表している。

また日本ペンクラブをはじめ、「表現の自由」に関心のあるジャーナリストや作家、俳句団体等の関係者による「九条俳句」表現者声明も出された。社会教育裁判では前例をみない、全国的な訴訟運動の広がりである。筆者もさいたま市在住の社会教育研究者として当初から学習会などに参加し、市民応援団の世話人に加わっている。弁護団に求められて法廷で補佐人意見陳述もおこなった。

公民館利用団体としての俳句会

公民館利用団体としてのM俳句会は、どのような活動をおこなっていたのだろうか。

M俳句会は、一九九八年頃、公民館が講師を招いて開催した俳句講座の終了後に参加者からもっと続けたいという希望があり、誕生したサークルである。二〇年近くにわたって公民館利用団体として俳句の創作活動、相互批評活動を継続してきた。この過程で二〇一〇年に公民館側が俳句会の作品を公民館だよりに掲載することを提案し、俳句会が毎月秀句を一句選んで提出することをつうじて、俳句会の作品が地域に紹介されることになった。このように、公民館が主催講座の終了後にサークル・グループの発足を働きかけることは、職員が側面から自発的な学習活動を促す学習支援のあり方、自主グループ育成の方法論として多くの公民館でおこなわれている。

公民館だよりへの作品掲載は、地域住民に俳句の創作・鑑賞の楽しみを伝え、公民館活動への関心を高める一助となりうる。公民館運営の面からみると、サークルが単なる利用団体にとどまらず、公民館と共に創るという協働関係を担うこと、地域とのコミュニケーションによってより開かれた応答関係が生み出されることなど、学びの公共空間としての質的な発展がもたらされる可能性が広がる。そのような相互関係性を充実感をもって実感していたからこそ、作者や俳句会の代表代行が納得できずに声をあげ、提訴にいたったのである。ここにはまさに学習主体としての自覚、公民館利用団体の主体性、そして公民館活動における「学習の自由、表現の自由」という問いかけがある。

この俳句を詠んだ状況について、作者(当時七三歳、女性)は次のように陳述書で述べている。

土砂降りの中で集団的自衛権の行使に反対する女性たちのデモを見かけ、心を揺さぶられたことから詠んだ句です。ものすごい雨の中ベビーカーを押して歩くお母さんもいらっしゃったし、年配の女性も多く参加していました。子どもの将来を考えて行動する女性たちの必死な思いを強く感じ、孫がいる私も強く共感しました。……その日以降、ずっとあの時の情景をどう表現できるか色々考えました。……「梅雨さなか」という季語も思いつきましたが、「梅雨空」という季語が持つ不穏な雰囲気、重たい憂鬱な感じが、女性たちがデモに参加しなければならないという重たい社会の雰囲気とちょうど重なると思い、「梅雨空」という季語を選びました。

句会には約二〇人の会員がいるが、この俳句は九人の賛同を得て、指導者も特選とした。「俳句会でも、特に社会の出来事を詠んだり、政治に触れることをタブー視されていたこと」はなかった。指導者は、「この句はいい。明るく今の時代の大切なことを詠んでいる」と評した。だからこそ俳句を公民館に届けた代表代行は、翌日になって公民館から「この俳句は掲載できない」と伝えられたときに、「なぜですか」と心底驚いたのである。

作者、俳句会代表代行らが納得できないと思うのは、俳句会の日常の活動がかけがえのない互いの高め合いの場となっているからである。「心豊かに生きてゆくための俳句。人間があって俳句があり、心があって作品にできる」という指導者の言葉に共感し、「自然や日常の暮らしをしっかり見つめて、豊かな感性としなやかな心を養い、そのなかから自分らしい良い句を作れるようにしたい」と作者は俳句会で成長する自分を感じとっている。

代表代行の女性（八〇代）は、学徒動員先の東京・赤羽の工場で、終戦直前の八月一一日に爆撃を受けて友人が亡くなったという戦争経験をもち、「現代を生きる者として、社会で起きていることなどに常に敏感でありたいと思っています。個としての自分の意見をもち、伝えるために、新聞や本などを通じて、日々情報に触れ、自分の意見を的確に表現できるように心がけています。……会員の俳句を通じて、他者の考えやさまざまな表現に触れることができること、それにより多くの気づきが得られ、私自身の感性も磨かれること、自然と知識の量が増え、視野が広がっていくこと、純粋に表現する喜びを味わえることなどが、句会で学ぶ意義と思っております」と陳述書で述べている。作品をもち寄って互いに鑑賞し、意見を述べ合い、感性を磨きながら自分が成長していると感じている俳句会の活動が、何ものにも代えがたい喜び、生きる充実感となっていることがうかがわれる(17)。

M俳句会は個々人の創作活動と相互学習を通じて、創作への信念と互いの信頼関係を築いている自主的な文化創造団体である。そしてこのような過程こそ、自己教育・相互学習という社会教育の学習原理を体現している。作者は陳述書で、「私は、日常生活で感じ取った自分の思いを表現しただけなのに、今回の掲載拒否によって、それを否定されました。なぜ公民館が趣味のサークルの俳句の内容にまで干渉してくるのか、全く理解ができませんし、納得もできません。……公民館は自由に学び、表現できる場であるはずです。誰もが自由にものを言える、自由に表現できるという憲法で保障された当たり前の権利をしっかり守って欲しいと思います」と述べている。

「国及び地方公共団体は……すべての国民が……自ら実際生活に即する文化的教養を高め得るような環境を醸成するように努めなければならない」(社会教育法第三条)、「国及び地方公共団体は、社会教育関係団体に対し、いかなる方法によつても、不当に統制的支配を及ぼし、又はその事業に干渉を加えてはならない」(同第一二条)、さらに社会教育主事は、社会教育を行う者に専門的技術的な助言と指導を与えるが「命令及び監督をしてはならない」(同第九条の三)などの条項に照らして、不掲載の違法性が問われているのである(五二頁のコラム参照)。

2 「大人の学習権」と「表現の自由」の架橋

九条俳句訴訟の争点

九条俳句訴訟では、サークルの文芸作品の公民館だより不掲載問題から「大人の学習権」が提起された。公民館の施設利用と学習文化活動の総体を学習過程としてとらえ、公民館の「政治的中立性」と「学習の自由、表現の自由」の保障について、原告側の主張がなされた。

二〇一五年六月二五日に提出された原告弁護団の訴状では総論が述べられ、その後(1)から(18)にわたる準備書面で各論が展開された。[18]

当該俳句不掲載により、①本件俳句の掲載請求権の侵害、②大人の学習権ないし社会教育における学習の自由の侵害、③個人の表現の自由の侵害、④人格権・平等権の侵害、⑤公の施設利用権の侵害という五つの権利侵害が発生している。これらが憲法第二一条(表現の自由)、憲法第二三条(学問の自由)、憲法第二六条(教育を受ける権利)、憲法第一三条(人格権)、憲法第一四条(平等権)、教育基本法、社会教育法、地方自治法等に違反し、違法であるとして、さいたま市に対して二〇〇万円の損害賠償と公民館だよりへの当該俳句の掲載を求めることが主張の骨子である。

第一回口頭弁論で、俳句不掲載は掲載請求権の侵害であり、①憲法第二一条違反、②憲法第二六条違反、③教育基本法第一六条違反(「教育は、不当な支配に服することなく、この法律及び他の法律の定めるところにより行われるべきもの」)、④社会教育法第一二条違反(前出)、⑤憲法第二三条違反であると指摘している。

第五回と第六回の口頭弁論では、「公の施設利用の不当拒否・不当差別行為」として、地方自治法第二四四条二項「普通地方公共団体は、正当な理由がない限り、住民が公の施設を利用することを拒んではならない」、三項「普通地方公共団体は、住民が公の施設を利用することについて、不当な差別的取扱いをしてはならない」、あわせて憲法第二一条、二三条、さいたま市公民館条例の諸条項の違反であることを主張している。

さらに「公民館だより」について、①公民館の事業(社会教育法第二二条)の具体化である、②学習成果発表の機会の場となっている、③三橋公民館だよりが三〇年以上発行されており、多くのサークルに編集スペースを開放し、学習成果発表の機会として利用されている、などを実証的に説明している。また俳句会と公民館の間に、①三橋公民館だよりに掲載する合意があった、②編集権の付与(住民に対して、一部のスペースが提供され、住民の自由な判断による編集がおこなわれてきた)、③憲法及び社会教育法の趣旨(市民に開放されたサービスは市民が当然請求できる、憲法や社会教育法の趣旨から掲載請求権を導くことが可能である)の三点を主張している。

当該俳句は公民館利用団体の学習の成果であり、公民館だよりに学習成果を発表することをつうじて、俳句会に対して表現の場を支援するのみならず、地域住民にとってもその鑑賞行為が促され、学習成果の共有がはかられるという公民館の学習の営みが法的に意義づけられた。「俳句掲載はパブリック・フォーラムの機能を有する公民館だよりにおいて確立された表現行為の一態様」であると規定して、表現の自由と学習権を関連づける立論がなされた。

第七回口頭弁論では、公平・中立性について、社会教育法第二三条は「国と地方公共団体に向けられたものであり、禁止されるのは『党派的活動』であって、政治的活動一般ではない」、「公の施設で禁止されるのは、個人の意見表明などを差別的に扱うこと」であり、「世論を二分する問題を扱う」ことが一般に禁じられているのではなく、「差別的に扱う」ことが禁じられているという原則的な理解を、判例等を例示しながら主張した。

以上のように、原告側主張では、大人(成人)の学習権と社会教育の自由、具体的には公民館における学習権保障のあり方を問い、俳句不掲載という公民館の措置に対して、「表現の自由」「学問の自由」「教育を受ける権利」等々の基本的人権を侵害するとして、俳句掲載を請求している。

一方被告側は、①公民館だよりは「単なるおしらせ」であり、「発行権限は(市の)教育長」にある、②公民館の運営方針によってその内容の適否を判断するものであり、原告主張のような「掲載請求権」は発生しない、③公民館だよりは表現の場として提供されたものではなく「俳句を掲載できる利益が法的保護に値する人格的利益」とはならない。作品掲載はバラエティに富んだ多くの人に親しみやすい紙面にするためのものであり、国論を二分する世論の一方の側の意思表明である当該俳句の掲載は、公民館の中立性・公平性とは相容れない、と反論した。

被告側は、原告に俳句掲載請求権はないこと、公民館だよりは表現の場として提供されたものではなく、「憲法九条の解釈変更をめぐって政府与党と野党が対立して」いるときに、「政府の九条解釈変更に反対するための意思を示す」こととなり、公民館の中立性・公平性をふまえて不掲載にしたと主張している。両者の主張から、「公民館だより」の性格機能、学習成果の発表の場と意義づけるかどうか、学習権と表現の自由を保障する公民館活動の一環ととらえるか、公民館の政治的中立性・公平性をどう論拠づけるかが争点となっていることがわかる。

●学習権と表現の自由の架橋

原告の主張として注目されるのは、旭川学テ訴訟最高裁判決(一九七六年五月二一日)をひきながら、「大人の学習権ないし社会教育の自由」という独自の視点を提起したことである。これに関して、表現の自由(憲法第二一条)、人格権(憲法第一三条)、学問の自由(憲法第二三条)、教育を受ける権利(憲法第二六条)、教育行政の中立(教育基本法第一六条)、学習の自由(社会教育法第一二条)に言及するとともに、専門家意見書もふまえて、この事案における「学習権」と「表現の自由」の密接な関連性を論じている。[19]

これまでの教育裁判における学習権の理解では、「学問の自由」と「教育を受ける権利」の条項を中心に立論され、子どもの発達可能性が教育・学習の視点から論じられてきたが、九条俳句訴訟では「大人の学習権」として「表現の自由」と「人格権」を根拠として、学習活動のみならず文化・スポーツ・レクリエーション活動など幅広い生涯学習の、個々人にとっての意味をとらえている点が現代性をもつといえる。

従来の教育法学説、とりわけその代表的な論者である堀尾輝久の学習権論では、「国民の学習権」という用語が使われており、その立論においてもっとも重視されている憲法的人権は、「学問の自由」(憲法第二三条)である。九条俳句訴訟でも堀尾は「市民の学習権と社会教育」と題する専門家意見書を提出した。[20] ここではユネスコ「二一世紀教育国際委員会」報告書『学習——秘められた宝』[21]の学習の四つの柱やルブールの『学ぶとは何か』[22]などを引用しつつ、「生きることと学ぶことは一つのことであり、成長するこ

コラム　旭川学テ訴訟最高裁判決(1976年5月21日)

全国中学校一斉学力調査(「学テ」と略す)を阻止しようとして旭川市で教師が公務執行妨害で起訴された事件．最高裁判決では，①教育権の帰属を問い，「国家の教育権」と「国民の教育権」のいずれとも断定せず，②児童は学習をする固有の権利を有することと述べ，③教師の教育の自由は合理的範囲において制限されると判示した．学テは合憲であると結論づけ，その実施を妨害した被告人に公務執行妨害罪の成立を認めた．

と、学ぶこと、学び続けること、そして共生と共学が課題となる」と述べている。教育の過程を子ども、青年、成人、労働者などの学習の主体に即して共生と共学の過程ととらえることは、学習権論の国際的展開にもとづくものであると同時に、社会教育の分野で主張されてきた「自己教育、相互学習」の現代的意義の再確認でもある。

弁護団の立論ではこれまでの学習権論をふまえるとともに、公民館での俳句会の活動という具体的な対象に即して、独自の観点が挿入されている。旭川学テ訴訟の判決では子どもの学習権の文脈で、「国民各自が、一個の人間として、また、一市民として成長、発達し、自己の人格を完成し、実現するために必要な学習をする固有の権利」があるとして学習権が言及されている。しかし、本件では「大人」が主体となって行使する学習権の問題、ユネスコ学習権宣言にみられるような、現代社会において必要な社会的権利としての学習権を中核にすえるという観点から学習権の立論がなされている。したがってこの訴訟は、教育裁判史上、社会教育における一般成人の学習権に関する新たな認識を促す意義をもつ。

もうひとつは、憲法第二三条(学問の自由)とともに、第二一条(表現の自由)を根底にすえた学習権論の構成をとっている点である。それはこの訴訟が俳句という文化創造活動における表現への介入をめぐる違法性の追求であるという意味で、当然といえる。社会教育においては、知識の習得、学問的な知的探究とともに、あるいはそれ以上にみずからが表現の主体となること、意見表明や学習成果の発表をおこなうことが学習過程としてきわめて重要で本質的な意味をもっている。俳句会の活動形態は、もっとも典型的な社会教育的学習形態であるともいえる。そして学習者の意見表明や文化的な表現は、一人ひとりの尊厳に関わる自立性をもつものとして尊重されなければならないという点で、憲法第一三条「すべて国民は、個人として尊重される」という規定と密接不可分である。「表現の自由」に関して意見書を提出した右崎正博(憲法学)は、「表現の自由は、内心の自由とともに人間存在の本質に深く関わり、人格形成の基盤をなすものであると同時に、社会にとっても真理を発見する手段として、また、自己統治を可能にする手段としても、必要不可欠なものである」と述べている。(23)

学習権の立論に「表現の自由」が大きく位置づけられていることは、現代という時代の要請でもある。東京都あきる野市中央公民館のちらし配架不許可事件(二〇一五年)では、福祉団体が毎月ロビーの棚に配架していた会報の中の「戦争法案」という一語が、規制のきっかけとなった。府中市美術館でも、二〇一六年七月から開始予定であった企画展「燃える東京・多摩　画家・新海覚雄《しんかいかくお》の軌跡」を、組織の上部から見直すようにと中止されそうになった。この画家が反戦的な民衆像を描いていることが「偏向」しているととらえられたのである。(24) 九条俳句も平和を願って行動する女性たちの情景を詠んでおり、画家の新海も生きるために抵抗するありのままの民衆像を描いている。このように民衆の生活現実と生き方のありのままの表現を公共の場で「中立性に反する」として否定しようとすることは、歴史と現実を見えないようにするための表現の抹殺、戦前的な国家統制にいきつく。

九条俳句訴訟では、一九七〇年代以降に成熟してきた学習権論、八五年にユネスコが提唱した「人間の生存にとって不可欠な手段」としての学習権論を継承しつつ、現代のグローバル化のもと、多様で多文化的な立場による「学習の自由、表現の自由」を架橋した学習権の論理が主張されている。この点をめぐって最高裁がどのような判断を示すかが注目される。

船橋市西図書館蔵書廃棄事件最高裁判決と職員の公正取り扱い義務違反

最終回の第一二回口頭弁論で原告側準備書面(15)から(18)がこれまでの弁論の総括と補足として提出され、学習権保障を実質化するための社会教育施設のあり方が主張された。特に準備書面(17)で船橋市西図書館蔵書廃棄事件最高裁判決と対比させつつ、公民館職員の義務違反と原告の権利侵害について述べたことは、職員の専門性、職務規定に関わる重要な論点の提起である。

この事案は、船橋市西図書館で二〇〇一年八月に「新しい歴史教科書をつくる会」の会員らの著書が集中的に除籍・廃棄され、著者らがこれに携わった職員と船橋市に損害賠償を求めた裁判である。

二〇〇五年七月一四日の最高裁判決では、公立図書館は住民に対して思想、意見その他の種々の情報を含む図書館資料を提供してその教養を高めること等を目的とする公的な場であり、公立図書館の図書館職員は、公立図書館の役割を果たせるように、「公正に図書館資料を取扱う義務」を負うべきであり、「独断的な評価や個人的な好みによって不公正な取り扱いをした」ことは、図書館職員としての基本的な職務上の義務に反する。廃棄は「法的保護に値する人格的利益」を侵害するものであり、国家賠償法上違法と判示し、船橋市に著者一人につき三〇〇〇円の損害賠償を命じた。

日本図書館協会は「図書館の自由に関する宣言」をふまえて、「今回の判決は、原告や社会全体からの当該職員と図書館に対する厳しい批判を代弁するものです。当協会はこのような事件によって図書館への国民の期待と信頼の根底を傷つけた責任を真摯に受け止め、全国の図書館と図書館員とともに『図書館の自由に関する宣言』と『図書館員の倫理綱領』を自律的に実践することを改めて表明します」との声明を公表した。(25)

この最高裁判例によりながら、原告弁護団は図書館と公民館の性格の違いを整理しつつ、俳句不掲載は、「公民館事業につき、独断的な評価や個人的な好みにとらわれることなく、公正に公民館利用者を取り扱うべき義務」違反である。公民館だよりを学習成果発表の場として開放していた以上、「公の施設利用に関する規律からして、住民に対し不当な差別的取り扱いをしてはならないし、正当な理由なくその利用を拒むことはできない」(地方自治法第二四四条二項、三項)と主張した。

口頭弁論の最終段階で、船橋市西図書館蔵書廃棄事件における職員の「独断的な評価や個人的な好み」によって「公的な場」としての社会教育施設の公共性が保てるのかどうかという論点が浮上し、結果的に一審のみならず、二審の判決における違法性の判断にこの最高裁判例が参照されることになった。

第3章　九条俳句訴訟判決から公民館のあり方を考える

1　公民館の「公平性・中立性」と学習者の「学習の自由、表現の自由」

●公平性・中立性と公民館職員のあり方──さいたま地裁判決

二〇一七年一〇月一三日にさいたま地裁の大野和明裁判長は、公民館の職員が「原告の思想や信条を理由として、本件俳句を本件たよりに掲載しないという不公正な取扱いをしたことにより、法律上保護される利益である本件俳句が掲載されるとの原告の期待が侵害された」ことが国家賠償法上違法とし、さいたま市に対して五万円の損害賠償を命じた。判決内容は原告側主張の大半を否認し、主張の一部を認めた限定的な勝訴である。判決の要点として、次のようなことが注目される。

「大人の学習権」について、旭川学テ訴訟最高裁判決を参照しつつ、原告の学習権の主張を一部認定し、「学習権は、憲法二六条に基づき、国民各自が、一個の人間として、また一市民として、成長、発達し、自己の人格を完成、実現するために必要な学習をする権利であり、……子どものみならず、大人についても、憲法上、学習権が保障されるというべきであり、社会教育法二条及び三条は、これを前提とする規定であると解するのが相当である」と述べている。旭川学テ訴訟最高裁判決の学習権の判示を社会教育法第二条、第三条と関連づけ、憲法第二六条に即してとらえ直したという点で、画期的である。

しかし、表現の自由との関連については、「学習成果の発表の自由は、学習権の一部として保障されるのではなく、表現の自由として保障されるものと解するのが相当であるから、学習権の内容に学習成果の発表の自由が含まれると解することはできない」と結論づけ、学習権と表現の自由の架橋によって俳句を掲載する権利を構成した原告側主張は入れられなかった。

国家賠償法上の違法性については、「本件たよりに掲載されることについて期待する権利ないし利益があり」「著作者の思想の自由、表現の自由が憲法により保障された基本的人権であることにもかんがみると、法的保護に値する人格的利益であると解するのが相当」であると主張の一部を認めた。ここで船橋市西図書館蔵書廃棄事件最高裁判決に言及し、公民館の職員らが、「著作者である原告の思想や信条を理由とする不公正な取扱いをした場合、同取扱いは、国家賠償法上違法となる」と判断して、先述の判決にいたった。

もうひとつ重要な点は、被告側主張の根幹である公平性・中立性について否認したことである。教育基本法第一六条、社会教育法第一二条等は「教育行政は、政治的に中立であるべき」ことを規定しているとしたうえで、「社会教育法二三条一項二号は、公民館が特定の政党の利害に関する事業を行うことを禁止する規定」であり、俳句不掲載の根拠とはならない。俳句掲載が「直ちに三橋公民館の中立性や公平性・公正性を害するということはできない」。「掲載することができないと判断した理由は、合理的な根拠を欠くものである」と述べて、俳句不掲載の理由として「公平性・中立性」をあげた被告側主張を否認している。

さいたま市は不掲載を正当化する根拠を否認され、職員の公正な取り扱い義務違反と認定されたため、判決を不服として控訴した。原告側も立論した憲法的人権に関わる違憲性、社会教育法に即した検討が回避された不十分な判決であるとして、控訴することとなった。

学習者・住民の「思想の自由、表現の自由」の最大限の尊重――東京高裁判決

東京高裁では、一審原告弁護団は訴えの変更を申し立て、一審の俳句掲載と損害賠償請求に加え、名誉毀損を追加した。一審判決の問題点として、①社会教育法第二〇条、第二二条にもとづく公民館・公民館だよりの位置づけについて言及がないこと、②社会教育法第九条の三、一項、第一二条、地方自治法第二四四条二項、三項等違反に関する判断がないことなどを審議が尽くされていないとし、③船橋市西図書館蔵書廃棄事件最高裁判決への言及について、図書館と公民館の違い、図書著作者と学習をおこなう主体である住民・公民館利用者という性格の違いが明確化されていないとして、一審の不十分な点に関して掘り下げた主張をおこなった。社会教育法にもとづく公民館の性格と公民館だよりの機能をめぐる解釈、さらにそれに規律された職員の職務をめぐって論点が整理されている。

他方、一審被告控訴人の控訴理由書では、①原告には保護されるべき利益がなく、公民館だよりへの俳句掲載の合意は法的に訴求力のある権利、義務を発生させるものではないこと。②職員の違

法性の判断は、一審では印象的な判断をもってなされたことをうかがわせ、事実を誤認している。③公民館だよりの編集権はさいたま市側が有しており、公民館が自由に判断でき、正当な行為であり、中立性・公平性・公正性に関して違法性はない、と主張している。

二〇一八年五月一八日、東京高裁の白石史子裁判長は、一審に続き不掲載は違法として、さいたま市に五〇〇〇円の損害賠償を命じる判決を出した。違法性の判断は、次の一文に集約されている。「公民館の職員が、住民の公民館の利用を通じた社会教育活動の一環としてなされた学習成果の発表行為につき、その思想、信条を理由に他の住民と比較して不公正な取扱いをしたときは、その学習成果を発表した住民の思想の自由、表現の自由が憲法上保障された基本的人権であり、最大限尊重されるべきものであることからすると、当該住民の人格的利益を侵害するものとして国家賠償法上違法となるというべきである」。判決の核心で、船橋市西図書館蔵書廃棄事件最高裁判決が参照されている。

違法性の指摘の前提として、公民館は社会教育法第三条一項、五条、二〇条、二二条に規定された「住民の教養の向上、生活文化の振興、社会福祉の増進に寄与すること等を目的とする公的な場」であり、「不当な差別的取扱いをしてはならない」(地方自治法第二四四条三項)と性格づけた。俳句を公民館だよりに掲載することは「社会教育活動の一環としてなされた学習成果の発表行為」であると認定し、図書館と公民館の相違点をふまえた判断がなされたといえる。

一審判決では、学習権に言及しながらも「学習権の内容に学習成果の発表の自由」は含まれないとしたが、二審では、「自己に学習要求を充足するための」という部分を加筆したうえで、「教育を

高裁勝訴に喜ぶ関係者．提供＝「九条俳句」市民応援団．

施すことを大人一般に対して要求することができる権利」を、憲法第二六条を学習権として解釈する一審判決を引用している。そのうえで、一審で否認された「学習成果の発表」を社会教育活動の一環とし、そこにおける憲法的人権の尊重を明記した。俳句の創作、相互批評、作品発表にいたる一連の学習過程を学習権保障と関連づけ、社会教育法にもとづく社会教育活動として理解する、より明快な判断を示したといえる。

さらに、世論二分のなかでの一方の意見を公平性・中立性の観点から排除することについて、「ある事柄に関して意見の対立があることを理由に、公民館がその事柄に関する意見を含む住民の学習成果をすべて本件たよりの掲載から排除することは、そのような意見を含まない他の住民の学習成果の発表行為と比較して不公正な取扱いとして許されない」と述べて、さいたま市側の主張を否認した。意見の対立があることに対して職員が一定の「思想、信条を有していることが表れていると解し、これを理由として不公正な取扱い」をすることは、「故意過失も認められ「許されない」と、より厳格な判断を示した。

以上のように、違法性の判断については原告側主張が反映されたと評価しうるが、俳句掲載請求権は一審と同様、二審でも否認されている。また「表現の自由」の侵害について、一審判決を若干手直ししつつ、侵害はないと否認している。掲載請求権と表現の自由の観点から原告側が主張した「公民館だより」が公の施設の利用(地方自治法第二四四条一項)にあたるとする見解も斥けられた。総じて「表現の自由」に関しては、一審判決を維持する内容となっている。

ただし、二審判決では違法性の判断の部分で「公民館だより」を憲法学説にもとづく「表現の助成」(表現の場)とみなして、そこにおける表現の自由の規制がなされたと読みとることもできる一文が新たに加えられている点が注目される。すなわち、三年八カ月の間、俳句会が提出した秀句を「一度も拒否することなく継続的に本件たよりに掲載」してきた事実過程をふまえ、「それまでの他の秀句の取扱いと異なり、その内容に着目し、本件俳句の内容が……憲法九条は集団的自衛権の行使を許容するものと解釈すべきではないという思想、信条を有していることが表れていると解し……公民館の公平性・中立性を害するとの理由で掲載を拒否した」ことが、「これまでの他の住民が著作した秀句の取扱いと異なる不公正な取扱いをした」という判断である。

憲法学の右崎正博が提出した意見書(26)では、芦部信喜の学説を参照しつつ、「公民館だより」の性格を公権力による表現の助成とみなす場合に、一段緩和される違憲審査がおこなわれるものの、

「その『助成』（援助）の可否が表現内容に基づいて決定される場合には、『表現の自由』や『知る権利』を制限するという性格が強くなるので、厳格な審査に服すると考えなければならない」と述べている。二審判決は、間接的にではあるが、表現内容に着目して不掲載にしたと判断しており、右崎意見書と一定の整合性が見出される。

公民館や公共施設で、内容が政治的であるとして利用を許可しない事例が多くみられるなかで、一審より前進した二審の判決は、波及力をもつ。高裁判決では、俳句掲載を請求する権利や、二審で原告側が追加した名誉毀損などは棄却されているが、俳句不掲載は不公正な取り扱いであり、違法であることを明確に結論づけた重要な判決といえよう。

最高裁への上告では、原告弁護団は、職員の不公正な取り扱いは学習権の侵害であること、また不掲載は表現の自由そのものの侵害であるという憲法判断を求めている。九条俳句訴訟を通して、学習権を保障する公民館のあり方がさらに最高裁で争われることとなった。

2　公民館における学習権の保障

学習権を保障する公民館のあり方

九条俳句訴訟の一審・二審判決を通じて、公民館で住民が学習し、文化活動をおこなう過程を学習権の保障としてとらえ、憲法第二六条、社会教育法第二条、三条によって「子どものみならず、大人についても、憲法上、学習権が保障されるというべき」（一審・二審）との判断が示されたことは、公民館のあり方を考えるうえで重要な意義がある。ともすれば生涯学習は、個々人が自由に学習機会を選択することと理解される傾向があるのに対して、あらためて権利としての社会教育、権利としての社会教育施設の利用という原則をふまえて公民館が運営されなければならないことが確認されたといえる。今後、公民館運営において学習権保障を実質化していくうえで、以下の四つの課題が浮き彫りにされている。

第一に、教育の機会均等という教育権の原理に即した公民館の運営についてである。

憲法第二六条は、「教育を受ける権利、教育を受けさせる義務、義務教育の無償」の条項として、学校教育を中心とした教育の機会均等を定めている。この条項と関連づけて社会教育法第二条、三条を「大人の学習権」としてとらえるならば、学校と同様に機会均等の考え方によって、国や地方自治体は「社会教育の奨励に必要な施設の設置及び運営」(社会教育法第三条)などの環境醸成をおこなう努力義務が課せられていることを意味する。教育基本法制定時に学校と並ぶ社会教育の意義が強調された経緯を再認識し、あらためて社会教育における学習機会の機会均等・平等、社会教育施設がすべての人に開かれているという意味での公共性を確立していくことが課題となる。

単に自主性や意欲のある市民だけではなく、無関心な人々や社会的に孤立している人々、学校の就学年齢の時期に学習を続けることが困難であった人々、心身に障害をもつ人々、外国人などへの特別の支援も含めて、社会教育の機会均等という観点から公民館の運営のあり方が問われる。社会的な格差、不平等の問題に目を向けて共に生き、共に学ぶ社会づくりをめざす公民館のあり方を創造していくことが、真に生涯にわたる学習機会の機会均等、権利としての社会教育への一歩となる。

第二に、学級講座の企画、講演会や映画会、学習成果の発表、施設利用、情報の発信など、公民館運営の全体にわたって学習者に対する公正な取り扱いが職員に義務づけられ、思想・信条による差別をせず、表現の自由を認めるという基本原則があらためて明確化された。

一審では、教育の政治的中立性と社会教育関係団体の自立性について、教育基本法第一六条、社会教育法第一二条を参照し、「教育行政は、政治的に中立であるべきといった内容を定めている」と述べたうえで、俳句掲載は「直ちに三橋公民館の中立性や公平性・公正性を害するということはできない」という判断を示した。二審では社会教育法に規定された公民館の性格を明記し、さらに地方自治法第二四四条三項によって「普通地方公共団体は、住民が公民館を利用することについて、不当な差別的取扱いをしてはならない」と判示している。「学習成果の発表行為」について住民の思想の自由、表現の自由という「憲法的人権の最大限の尊重が必要」であるとされたことは、注目すべきである。

表現の自由の視点から、右崎正博の意見書では「表現手段を持たない者にも表現の『送り手』となる機会を広げ、多様な観点からの意見・情報が提示されることで表現の総量と多様性が増進し、……『知る権利』をよりよく実現する効果が生まれ」ると指摘されている。社会教育活動ではセミナーや討論会、展示、発表会、コミュニティ・メディアの活用などによって、知識・情報の習得、共同討議、学びの成果の発信と共有の過程が循環的に展開している。文化的・民族的多様性、意見の対立、あるいは無関心など、学習者の価値観の多様性はそれ自体、共同学習を活性化させる資源となりうる。多様な学びの形態と方法によって学習活動がより主体的に、より深く人々の関心をとらえるよう促すこと、そのためにも学習活動の豊かさと表現の自由は切り離すことができないという認識を共有する必要がある。

さいたま市は公民館の中立性・公平性を主張し続けたが、二審判決では、公民館側が判断する中立性ではなく、個々の学習者の思想・信条の自由、表現の自由を尊重し、学習者にとって学習の自由を守ることが公正な公民館運営の基本原則とされなければならないと述べている。その意味では、表現の自由と学習権の関連性をさらに掘り下げることが、公民館における学習権保障の課題である。

第三に、今回の事案でもっとも大きな問いかけは、公民館職員の社会教育についての理解の不十分さ、専門性の欠如という問題である。原告側主張では、社会教育主事は「社会教育を行う者に専門的技術的な助

コラム　社会教育主事

社会教育法にもとづき，都道府県・市町村教育委員会事務局に置かれる社会教育の専門職員．教育委員会の社会教育事業の企画・立案・実施，社会教育施設の事業に対する指導・助言，社会教育関係団体の活動に対する助言・指導などの職務をおこなうが，社会教育法第 9 条の 3 で，「社会教育を行う者に専門的技術的な助言と指導を与える．ただし，命令及び監督をしてはならない」と規定されている．社会教育主事の任用資格は，大学の社会教育主事養成課程，あるいは社会教育主事講習を修了することで取得できるが，規定改正により 2020 年度からこれら課程及び講習の修了者は「社会教育士」(養成課程)または「社会教育士」(講習)と称することができることとなった．

言と指導を与える。ただし、命令及び監督をしてはならない」(社会教育法第九条の三)との規定に準じて公民館職員の専門性のあり方が提起されたが、一審・二審判決には反映されず、社会教育を目的とした施設(公の施設)の職員の公正な取り扱い義務違反として言及されるにとどまった。

しかし問題の経緯をふまえると、職員・職員集団が適切な判断力を欠き、住民の学習権、学習の自由を考慮した判断がなされなかったこと、意志決定が適切になされなかった背景が問われている。当該公民館の職員が学校から出向中の教員であったことも問題点のひとつである。住民の学習権保障を実現するうえで、公民館内部だけではなく、管区、学校区という地域社会教育の現場において、多様な団体、グループと連携しながら事業の企画をおこない公民館を運営する公民館職員としての専門性、力量形成が必要不可欠であるという課題が浮き彫りにされている。

第四に、この点と関わって、公民館運営審議会等の公民館における住民参加のシステム、地域住民の民意反映の方法を充分に活かした公民館運営のあり方が問われている。

九条俳句不掲載の問題をめぐっては、さいたま市大宮区三橋公民館連絡協議会が当該俳句を公民館だよりに掲載する努力を求めるとの意見をまとめ、公民館職員と話し合いをしている。さいたま市第七期公民館運営審議会(二〇一三年一一月〜二〇一五年一〇月、安藤聡彦委員長)は、この問題を重視して現場のヒアリングをおこない、解決の方途を示す提言「市民の〈声〉が生きる公民館へ」(二〇一五年一〇月)をまとめた。ここでは「公民館運営に市民の〈声〉を活かすという『地域社会に開かれた公民館』づくり」のために、以下の四点を提案している。

① 公民館の目的の再確認を絶えず行うこと
② 公民館活動への市民の参加をさらに拡充すること
③ 市民に親しまれる公民館だよりの編集体制を整えること
④ 市民の信頼と期待に応える職員体制づくりにいっそう邁進すること

「提言」のむすびで、「私たちは俳句不掲載問題を深刻に受け止め、当事者同士の話し合いによる地域的解決を求めるとともに……さいたま市公民館が『市民の〈声〉が生きる公民館』として再生するために何が必要であるのかを、市民と行政が共に考え、共有し、実践されることを心から願っている」と述べて、この問題に心を痛めた公運審委員たちの総意を表明している。

学校区など日常生活圏に密着した公民館は、社会教育施設のなかでも特に、住民自治に即した運営が求められている施設である。社会教育法第二九条による公民館運営審議会設置の規定、さらに第三二条の二に「公民館は、当該公民館の事業に関する地域住民その他の関係者の理解を深めるとともに、これらの者との連携及び協力の推進に資するため、……情報を積極的に提供する」ことをうたっている。公民館だよりの編集に住民が参加している事例も少なくない。このことは公民館の設置理念として受け継がれてきたという側面とともに、たとえば東日本大震災で公民館が住民の避難所となり、地域復興の拠点として住民が相互に支え合う活動が広がったことにも示されるように、コミュニティ再生のよりどころとしての新たな現代的な意義をもっているのである。

学習者が学習権を自覚し、主権者としての学びを創造する

公民館の設置者は、現状ではほぼすべてが市町村である。しかし、その設置理念や公民館で学ぶ意義、学ぶ権利について、利用する側の市民、個々の学習者がどのように認識しているのかという点も問われている。

九条俳句訴訟をつうじて、学習者、公民館を利用している市民が、なぜ俳句の内容に公民館が介入するのか、納得できないと声をあげたことがきっかけとなり、訴訟運動をつうじて公民館とはどういう施設か、社会教育の大切さについて「自覚」が共有されていった。訴訟運動自体が、主権者としての学びを育む学びの場となったことが注目されるのである。

作者・原告は、東京高裁の法廷でその気持ちを次のように陳述している。

> 私にとって俳句は、人生の終盤を心豊かに生きて行くためのささやかな楽しみです。自分が作った一句が、仲間の共感を得られ、公民館だよりに掲載されることは大きな喜びです。また頑張ろうと意欲が湧いてきます。
>
> 公民館だよりに、不掲載を決めた時、公民館の職員は、句会の活動や作者の思いを少しでも考えたのでしょうか。
>
> 私は、この裁判の中で、公民館の歴史や役割について、はじめて知りました。市は、文化芸術を理解し、市民の自由な活動を守り、育てる本来の公民館にして欲しいです。

訴訟運動の過程では、公民館の設置理念や社会教育法の精神について学習会がもたれ、意見書を提出した研究者のシンポジウムも開催された。訴訟運動を通じて、「市民の声」が発せられる土壌がつくられてきたことは大きな変化である。

判決で示された「学習権」は、それを自覚し、行使する市民自身の成長によって、真に学習権となる。訴訟運動は学習者が学習権を自覚し、主権者としての学びを創造する学習運動として広がってきたのである。そしてこのような学びの創造は、戦後公民館の歴史的定着過程のそれぞれの発展段階を生み出す原動力であり続けてきた。次章以下では、その歩みをたどることにしたい。

(1) 文部省教育法令研究会著『教育基本法の解説』国立書院、一九四七年、「序」一頁、第二章、六八～六九頁。
(2) 文部省社会教育局編『社会教育の手引き――地方教育委員会のために』一九五二年、一四二～一五三頁。
(3) 徳村烝『公民館の紛争を考える』近代文芸社、二〇〇四年、三九～四七頁。
(4) 各都道府県教育委員会教育長宛・文部省社会教育局長通達、一九五五年一月一三日(文社施第一四号)全国公民館連合会編『公民館必携(平成二九年版)』七四～七六頁。
(5) 中小公共図書館運営基準委員会報告『中小都市における公共図書館の運営』日本図書館協会、一九六三年、石井敦・前川恒雄『図書館の発見――市民の新しい権利』日本放送出版協会、一九七三年など。
(6) 同右『図書館の発見』一二三頁。
(7) 同右、一八九頁。

（8） 塩見昇『図書館の自由委員会の成立と「図書館の自由に関する宣言」改訂』日本図書館協会、二〇一七年、五〜一三頁。
（9） 同右、一九〇〜一九二頁。
（10） 伊藤寿朗『ひらけ、博物館』岩波ブックレット、一九九一年、一〇〜一五頁。
（11） 伊藤寿朗『市民のなかの博物館』吉川弘文館、一九九三年、一四九〜一五〇頁。
（12） 武居利史「美術館における『表現の自由』」佐藤一子・安藤聡彦・長澤成次編『九条俳句訴訟と公民館の自由』エイデル研究所、二〇一八年、一〇二〜一〇三頁。なお、二〇一六年にこの事件と九条俳句不掲載事件をとりあげた『ハトは泣いている――時代(とき)の肖像』というドキュメンタリー映画(松本武顕監督)が制作され、各地で自主上映されている。
（13） 日本博物館協会「博物館の原則　博物館関係者の行動規範」https://www.j-muse.or.jp/02program/pdf/2012.7koudoukihan.pdf
（14） 全国美術館会議「美術館の原則と美術館関係者の行動指針」https://bijutsutecho.com/news/8060/
（15） さいたま市教育委員会「さいたま市公民館施設リフレッシュ計画」二〇一六年三月。
（16） 佐藤一子「『九条俳句不掲載損害賠償等請求事件』の法的問題性と論点」『法律時報』二〇一五年一二月号、前掲『九条俳句訴訟と公民館の自由』など。法廷での陳述資料、さいたま地裁判決、東京高裁判決は「九条俳句」市民応援団HP：http://9jo-haiku.com のアーカイブに収録されている。
（17） 原告陳述書、俳句会代表代行の陳述書、二〇一六年一〇月六日。
（18） 原告準備書面は前掲「九条俳句」市民応援団HPに収録されている。
（19） 堀尾輝久意見書「市民の学習権と社会教育」二〇一六年九月二七日、右崎正博意見書「『公民館だより』への九条俳句不掲載と表現の自由」二〇一六年九月二七日、長澤成次意見書「公民館だよりと地

域住民の学習権保障」二〇一六年一〇月一日、姉崎洋一意見書「学習権保障と公民館」二〇一六年一〇月二九日、佐藤一子補佐人陳述書、二〇一六年一二月六日など。

(20) 同右、堀尾輝久意見書。

(21) ユネスコ「二一世紀教育国際委員会」報告書、天城勲監訳『学習——秘められた宝』ぎょうせい、一九九七年(*Learning: The Treasure Within*, Report to UNESCO of the International Commission on Education for the Twenty-first Century, 1996)。

(22) O・ルブール、石堂常世・梅本洋訳『学ぶとは何か——学校教育の哲学』勁草書房、一九八四年。

(23) 前掲、右崎正博意見書。

(24)「社全協だより」『月刊社会教育』二〇一六年一〇月号、武居利史「展示をめぐる規制と『表現の自由』——公立美術館の今日的使命」『住民と自治』二〇一六年一二月号など。

(25) 船橋市西図書館蔵書廃棄事件裁判の最高裁判決にあたって(声明)、二〇〇五年八月四日、社団法人日本図書館協会。https://www.jla.or.jp/portals/0/html/kenkai/funabashi.pdf

(26) 前掲、右崎正博意見書。

第II部

「学びの公共空間」がコミュニティを創る

――戦後公民館のあゆみ

ビキニ環礁水爆実験に反対し，原水爆禁止署名運動を全国に広げる杉並の女性たち(1954年)と，署名運動の舞台となった杉並区立公民館の「公民館案内」．提供＝安井家保存資料．

公民館は住民自治にねざす地域の学習拠点であり、行政と住民の協働によって、学びからコミュニティ創造へと発展してきた。

第II部では、住民の自己教育・相互学習が展開される公共的な学びの場、国民の学習権を保障する社会教育施設として、各地に公民館が定着していく過程を歴史的にあとづける。

一九四〇年代後半~五〇年代の公民館の普及、一九六〇年代~八〇年代の都市部における公民館づくり運動の展開と拡充整備の時期を経て、一九九〇年代以降の「生涯学習政策への移行」と自治体行政改革のもとで、公民館は大きな転換をせまられている。

人々が共に生きる社会づくりにむけた「学びの公共空間」として、公民館の可能性と課題について考える。

第4章　公民館の設置と普及

1　社会教育の体系と施設論

大正期の社会教育施設論

公民館は戦後初期に構想されたが、公民館の原型は戦前の農村公会堂などにみられ、国際的な社会教育施設の影響も受けている。社会教育法制度研究に体系的に取り組んだ小川利夫(一九二六〜二〇〇七)は、戦前日本の社会教育施設について学校、宗教団体の会館、公会堂、図書館等の「公民館的なるもの」をあげ、特に農村公会堂や隣保館＝市民館を公民館の原型としてとらえた。また、社会思想家、森戸辰男(一八八八〜一九八四)の「社会館・人民の家」構想にも注目している。森戸は大正期に大阪の大原社会問題研究所に属して大阪労働学校で賀川豊彦と共に活動し、東京や大阪で組織された労働者教育運動の担い手であった。「社会館・人民の家」はイギリスのセツルメントハウスや労働者教育運動を源流とする社会改良型、都市的な社会教育施設の構想といえる(1)。

社会教育を体系的に認識し、国際的視野で施設を構想するという考え方は、大正期から生まれていた。文部省普通学務局第四課(のち社会教育課)調査係長であった川本宇之介(一八八八〜一九六〇)は、近代的な社会教育観と欧米成人教育の動向をふまえて体系的な社会教育施設構想を提唱しており、戦前の行政的社会教育論の到達点を示している。(2)

川本は、「社会教育とは各種の機関施設を以て、社会多数人にその余暇を利用せしめて広く文化的財宝の享受を、拡充せしめんとする作用である。その目的の方より観察すると、社会教育は社会多数人に、余暇の利用によつて、その自己教育の手段を以て、その資質と生活を向上発展せしむるを主目的として行はる々社会的努力である」と述べて、社会教育の特質として六点あげている。①教育は一生涯に亘る自己教育の過程、②体験と新知識との契合、③成人の被教育力の種々相、④自由意志に基づく自己教育、⑤教育的並びに文化的デモクラシー、⑥余暇の賢明なる活用、である。

川本は、デューイ、ペスタロッチ、ナトルプ、さらには古代ギリシャ、ローマ時代に遡る「人類社会に於ける教育現象」に視野を広げ、成人教育の本質を論じている。成人教育は各人の「自由意志」によるものであり、「自由」には「自由時間」(余暇)の利用、無料・機会均等性、「自由教育」(リベラルなデモクラシー)などの多面的な意味合いがあるとし、「教育の機会均等の原則により、教育的及び文化的デモクラシーの原則によつて理論づけ且つ施設経営すべき」であると提唱した。

家庭教育、学校教育、社会教育の特質の違いによる体系化、教育の目的による施設機関の類型化、学習形態に応じた主体と方法、施設・機関・指導者・所管等について理論的、実証的な考察がなされている。川本が類型化した社会教育の分野・目的と機関施設の体系は、表4-1に示される。

もうひとつ重要なことは、成人教育の主体を「機関施設」と規定し、その複合性に注目した点である。「社会教育に於いては機関施設そのものが教育の主体となる場合が多い」「社会教育の各機関

表4-1　分野別・社会教育の機関施設

分野	機関施設
知育	図書館，博物館，動物園，植物園，水族館，その他の観覧施設，図書館協会，読者倶楽部，科学普及協会，博物館協会等
徳育	日本弘道会，中央報徳会，各種の教化団体，少年兄姉会，修養団，公民道徳振興等
美育	美術館，日本美術院，帝国美術院，日本美術協会，音楽会，演芸会，和歌鑑賞会，俳句会等
体育	体育館，競技場，プール，運動場，公園，児童遊園，体育会，競技会講道館，武術会，大日本体育協会，体育連盟，体操連盟，市民体操会等
技育	農工商漁業実業に関する教育機関，職業指導，その他実習，各種農産物，工芸品競進会又は品評会等
聖育	日曜学校，神道普及会，仏教青年会，仏教婦人会，信仏会，基督教青年会，同婦人会等

注）上記の他に複合機関・施設として青年訓練所，成人学校等，社会事業と関連したセツルメント運動を源流とする隣保館や市民館がある．

出所）川本宇之介『社会教育の体系と施設経営　体系篇』(最新教育研究会，1931年）p. 360より筆者作成．

により施設によつて、種々の指導者が居る」「教育目的によりて種々の場所を要する」「社会教育機関の経営者は、近来は国家及び地方公共団体が之に力を用ふるに至つたが、尚私人及びその団体の施設経営に待つものが多い」として、図書館や博物館のような制度化された固定的施設だけではなく、民間団体が社会教育事業で用いる多様な「場」を含めて、公私の「機関施設」を視野に入れていた。

大正期には、公会堂、図書館の他、青年団の青年倶楽部、基督教系・仏教系団体の会館、そしてデモクラシーの思潮のなかで自己教育運動として、長野県や新潟県の自由大学、都市部の労働学校の設立が進んでいた。一九一七年に長野県北安曇郡に設立された信濃木崎夏期大学は、夏期講習会を発展させ、通俗大学会(民衆への大学普及)を勧奨する後藤新平、沢柳政太郎らの尽力で創設された民間教育機関である。「信濃公堂」とよばれる一八〇畳敷きの講堂、宿舎、図書室をもつ建物が信濃鉄道の支援で木崎湖畔に建てられ、今日にいたるまで夏期集中講座を開催している[3](次頁の写真)。

川本は、大正期の動向をふまえて「社会教育機関は……国家、地方公共団体及び私人又はその団体の三者」の性格の異なる担い手があり、組織主体によって施設経営も多様であることを示した。川本は戦後、教育刷新委員会第七特別委員会の委員として教育基本法策定に関わり、自己教育の理念にもとづく社会教育の法規定に寄与した[4]。

戦後の民主化と公民館の法制化

一九四六年七月、公民館の設置に関する文部次官通牒がだされた。新憲法公布(一九四六年一一月)、教育基本法制定(四七年三月)、社会教育法制定(四九年六月)に先行して、公民館の設置を全国の町村に促した通牒である。一〇年間で全国に三万六〇〇〇館以上の公民館が設置されたことに示されるように、この通牒は戦後社会教育制度を形づくる先導的意義をもった。公民館を構想した当時の社会教育課長寺中作雄の名をとって、寺中構想とよばれている[5]。

公民館は町村民の生活に密着して運営され、集会部では、講演会、講習会、討論会、懇談会、文化講座、映写会、演劇会、音楽会、ラジオ聴取会、町村政懇談会、各種展覧会、展示会、博覧会などの事業をおこなう。町村民の自治・参加・協力にもとづき、文化教養の習得、娯楽の享受、産業技術の振興、地域政治などを語り合い、「町村民の民主主義的な訓練の実習所」「中央の文化と地方の文化が接触交流する場所」「郷土振興の基礎を作る」ための拠点として構想された施設であった。

2017 年に第 101 回を迎えた同夏期大学.
提供＝ともに北安曇教育会.

信濃木崎夏期大学の開催される信濃公堂. 1974 年のようす.

コラム 自由大学運動

1920 年代から 30 年代に長野県，新潟県を中心に民衆の自由教養・自己教育を広げる. 土田杏村らの文化主義的な哲学(理想主義的社会哲学)をつうじて知識人，農民らが出会い，1921 年信濃自由大学(のち上田自由大学)が設立される. 恒藤恭，高倉輝，中田邦造，山本宣治，出隆らが招かれ，哲学，倫理学，美学，社会学，心理学，教育学，法学，経済学，社会政策などの講座が開設された. その後，新南自由大学(のち伊那自由大学)，松本自由大学，魚沼自由大学などへと広がりをみるが，農村不況のなかで聴講生の減少や財政難により，1931 年に消滅した. 上木敏郎『土田杏村と自由大学運動』(誠文堂新光社，1982 年)など参照.

戦前の青年団指導者であった田澤義鋪《よしはる》や下村湖人らの「青年相互の教育と共同生活訓練」の思想的影響や、地方改良運動・自治民育のなかで提唱された農村公会堂などの歴史的イメージを受け継いで、寺中構想は具現化したといえよう。(6)

社会教育法は、全五七条のうちの第二〇条から第四二条が公民館の規定であり、「公民館法」ともよばれている。第五章第二〇条(目的)で「公民館は、市町村その他一定区域内の住民のために、実際生活に即する教育、学術及び文化に関する各種の事業を行い、もつて住民の教養の向上、健康の増進、情操の純化を図り、生活文化の振興、社会福祉の増進に寄与することを目的とする」と定め、第二二条(公民館の事業)として以下の六項目があげられている。

① 定期講座を開設すること。
② 討論会、講習会、講演会、実習会、展示会等を開催すること。
③ 図書、記録、模型、資料等を備え、その利用を図ること。
④ 体育、レクリエーション等に関する集会を開催すること。
⑤ 各種の団体、機関等の連絡を図ること。
⑥ その施設を住民の集会その他の公共的利用に供すること。

社会教育法に公民館、図書館、博物館、学校施設の利用と社会教育の講座等が明記され、社会教育施設の体系化と運営の基本方針のもとに、戦後の社会教育制度が形づくられた。

新憲法発布と公民啓発

一九四六年一一月の新憲法の公布(四七年五月施行)、二〇歳からの選挙権、女性の参政権による有権者の大幅拡大という戦後民主化の過程で、社会教育局が公民啓発を重視したことも公民館の設置を促した要因である。新憲法普及のための有権者の啓発運動は、学校以上に社会教育分野で実施すべき緊急性を要する事業であった。

一九四五年一二月に文部省社会教育局長通牒「総選挙ニ対処スベキ公民啓発運動実施細目ニ関スル件」が出された。四七年一月の社会教育局長通達「新憲法普及教養講座開設要綱」では、「民主主義精神の涵養」と「国民の自治的傾向の啓培」にむけて「新憲法の精神を十分に理解し、それを日常生活の実際に具現」することとして、①新憲法精神の全体的把握、②新憲法の歴史的意義の理解、③地方自治の振興、④社会生活上の変革に関すること、などの内容を三〇時間以上学ぶ講座の開設を推奨した。(7)

新憲法の制定、平和国家・民主国家としての急速な体制改革を実現していくうえで、学校改革だけでは教育の目的を達成することはできない。公民館の設置奨励は、戦後民主化のもとで新憲法を普及し、短期間に選挙民の啓発をおこなうための有効な方策であると考えられた。

問題は当初、国体護持を基本として国民道義の昂揚をうたった文部省の「新日本建設の方針」が、新憲法施行を機に、どこまで真に民主主義的教育を遂行する施策に脱皮しえたかという点にある。「日本はまだ十分に新しくなりきれず、旧いものがのこっている」「日本国民は、ひはん的精神にとぼしく権威にもう従しやすい」(新教育指針、一九四六年五月)とされた伝統的な土壌そのものを主体的に民主化すべく、公民館構想は出発したのである。

2 戦後復興と公民館建設

●戦後初期〜一九五〇年代における公民館の普及

一九四〇年代末から五〇年代には、公民館は社会教育法上の社会教育施設として位置づけられ、全国的普及をみた。五一年に全国公民館連絡協議会(六五年、社団法人全国公民館連合会と改称)が発足し、全公連を中心に公民館の拡充整備を求めて公民館単独法の制定運動もおこなわれた。公民館は一九五四年に三万六三二一館(本館八五〇〇、分館二万七八七一)と戦後最高の設置数に達し、設置市町村数は全国の約八割に及んだ。その後は五三年以降進められた町村合併の影響、分館の統廃合があり、六八年には戦後最低の一万三七八五館(本館八二一三、分館五五七二)に減少する。(8)

五〇年代初頭の状況を都道府県別にみると、設置数がもっとも多いのは福岡県で、二八五の市町村の九六%(二七五市町村)に二一八九館、第二位は長野県で、三七八市町村の九七%(三六八市町村)に二〇七九館が設置された。熊本、佐賀、鹿児島など九州地方は普及率が高かった。逆に設置数がもっとも少ないのは、東京都一九館、ついで群馬県七三館、大阪府九三館であり、静岡県や山梨県も普及率は低い。(9)高度経済成長期以前は、都市部での公民館普及率は低く、農村部では集落ごとに分館の普及をみたが、地域によって格差が大きかった。

分館の約八割はその後の条例等の整備により統計上「分館」ではなくなったが、二〇〇二年の全公連の調査では、自治公民館・集落公民館等は約七万七〇〇〇館存在している。社会教育法上の公民館の公共的整備の底辺には、住民生活に密着した自治的集会所・自治公民館が現在にいたるまで相当数維持されている現状がみてとれる。[10]自治公民館を公民館本来の自治的活動の基盤として意義づけるのか、前近代性・後進性として批判的にみるのかをめぐって「自治公民館論争」がおこなわれた経緯にも示されるように、集落の共同生活の場である自治公民館と公立公民館の性格・機能が一体性、相互補完性をもつ側面は否定できない。[11]それによって集落の住民が身近な生活課題を共有し、全員が地域に参加するという共同体の活性化は、公民館本来の設置目的でもあった。他方で、公民館が地域にねざす生活的な「公共空間」でありつつも、学習・文化活動の場としてどのように自立的で創造的な発展をとげるかは、設置当初から、ある種のジレンマをかかえていた。

公民館の設置奨励のために文部省から出された「公民館のしおり」では、たとえば公民館産業部の事業として、製材事業、肥料生産、食糧品加工、農機具修理などの項目があり、その他託児所、共同炊事場、衛生事業などの指導を含め、総合的な村の生活改善や福祉の向上、産業振興が公民館に期待されていた。このため内務省地方局(一九四七年廃止)も公民館に関心を示し、「公民館は地方自治振興のうえからも必要」であるとして、都道府県農業会議に協力を要請した。事業面では、①生産復興・生活向上を中心内容とする公民館、②失業救済・生活安定を中心内容とする公民館、③文化・教養活動を中心内容とする公民館などの三つのタイプがあり、「農林行政機関あるいは福祉行政機関」の性格もあわせもちながら「市町村民の生活要求をくみあげ」つつ、市町村行政の協力

機関として役割を果たしたと評価されている。(12)

農政分野の生活改良普及員、保健福祉分野の保健婦(二〇〇二年以降は保健師)などが公民館をつうじて生活改善や栄養・健康指導をおこなうことも、生活課題の学習である。一九四七年六月に成立した片山内閣が提唱した新日本建設国民運動の一環として「新生活国民運動」が推進され、公民館はそのよりどころとなった。一方で、連合国軍最高司令官総司令部(GHQ/SCAP)民間情報教育局(CI&E)が普及した一六ミリナトコ映写機による映画上映会が、民主主義を学ぶ機会として広く全国の公民館で実施され、紙芝居や音楽会などの文化的取り組みも活発におこなわれた。啓蒙的性格をもつも、戦時体制から解放され生産・生活の復興をとげる過程で、人々に娯楽・文化的機会を提供しつつ、公民館がまちづくり・村づくりの総合的な活動拠点となった状況がよみとれる。(13)

平和と地域の復興をめざす公民館の創設

一九四八年から文部省は、優良公民館の表彰をはじめた。文部省社会教育局施設課課長補佐の鈴木健次郎は、「公民館月報」などを通じて公民館の経営のあり方を説き、公民館の普及に努めた。(14)

優良公民館表彰を受けた秋田県秋田郡大館町(現在、大館市)公民館は、「充実した設備と民主的な運営施設をもち、討論会の盛んな」公民館で、庶務、教養、図書、保健・体育、産業(農業・商業・工業)、相談の六部制で運営されている。毎週土曜日に討論懇談会を開催し、平均一五〇人が参加して「家族制度」「新憲法」「供米を中心とする農村問題」などについて意見交換するほか、月一回の自由議会も開催する。さらに公民館子ども会は会員一〇〇〇人を集めて、科学教室、紙芝居、人

妻籠公民館(1948 年 10 月撮影)．提供＝南木曽町博物館．

形劇のほか映写会、新憲法普及展などの文化的催しをおこなう。わずかな町予算の他は、町民の寄付金で運営されていた。戦後復興、平和な国家建設にむけて、村民が力をあわせて公民館につどう光景が彷彿とする。

長野県西筑摩郡吾妻村（現在、木曽郡南木曽町）妻籠《つまご》公民館は戦後初の公民館で、「疎開者の協力を得て文化運動の盛んな」公民館として紹介されている。二人の著名な疎開文化人の協力によって「全村民を会員とし、すべてが社会教育的に組織されている」こと、毎月のように文化講座が開かれ、「中央の講師のほかに、郷土の有識者が最高度に利用され」「きわめて強い文化的性格をもった」活動がおこなわれていた。

妻籠では御料林の解放運動が高まり、疎開文化人の力を借りながら青年層が中核となって村政民主化の一環として文化・学習運動に取り組んだ。その後、県内各地に「公民館設置促進協議会」が発足した。背景には大正期に広がった自由大学運動の再生、戦後直後から活動を再開した青年団運動、農山漁村文化協会長野支部の読書会活動など、文化運動・学習運動が活発に動き出していた状況がある。妻籠公民館は、全県的な公民館の設置運動を牽引した(15)。

鈴木健次郎は、農村部だけではなく都市部にも公民館が必要であると提起していた。文化施設として多様な文化機能を連繋させて総合的な拠点となること、市民にとって親しみやすい集会場を提供し、開放された文化的機能を提供すること、政治的課題を論じ、インフォメーションセンターとなること、市民生活の安定のために隣保館、民生館の性格を強くもつことなど、農村地域とは異なる文化的・福祉的機能を重視している(16)。

大都市では、東京二三区内の数少ない公民館のひとつとして一九五三年に設立された杉並公民館が活発な文化教養活動をおこない、当時法政大学教授の安井郁《かおる》館長(一九〇七〜八〇)のもとで女性たちが全国的な原水爆禁止署名運動を展開した公民館として知られている(17)(第Ⅱ部の扉写真)。国際法学者の安井は、戦後直後から居住地杉並区で学習活動やPTA活動に参加し、五二年に新設された図書館長を区長から依頼される。翌年杉並公民館が併設されて安井が公民館長に就任し、公民館の学習文化活動を区民と共に発展させていく。公民館は六五四平方メートルの木造モルタル造りで会議室三つ、集会室二つ、三〇〇人収容の講堂をもち、青年学級、成人学校、子ども映画会、公民教養講座、そして区民の自主企画講座などが活発に展開されるようになった。公民教養講座は、一九五四年から六二年までに一〇〇回開催され、安井みずから連続講座「世界の動き」の講師を務めた。安井は著書のなかでその経緯を、次のように書き残している(18)。

「民衆教育にあっては、民衆とともに学ぶという謙虚な態度が必要です」。「杉並公民館ができた頃から地域婦人の読書会『杉の子会』の活動が始まりました。……婦人、特に母親たちの間に、子供の幸せを守るためにも、世の中のなりゆきを考えるためにも、いまこそ本当に勉強しなければならないという希望が自然にわいていることをはっきり見てとることができました」。杉の子会は、当初E・H・カー『新しい社会』をテキストとして毎月読書会を重ね、二四人の会員がまたたくまに七〇人になった。五四年には公民館に三四の婦人団体が集まり、杉並婦人団体協議会が発足する。

活発な公民館活動を背景に、一九五四年に発生したビキニ環礁での水爆実験・第五福竜丸乗組員の被曝に対して、水爆禁止運動を杉並から、という声が高まり、同年五月に公民館で原水爆禁止署名運動杉並協議会が結成されて、安井が議長となる。署名運動「杉並アピール」は区民の気持ちをとらえ、二五万人を超えて全国、さらには国際社会にも波及していく。公民館から発信された地域の女性たちの平和運動は、三カ月後には原水爆禁止署名運動全国協議会の結成にいたり、二〇〇〇万人署名が推進されていった。杉並公民館では、その後も区民自主企画講座などの活発な取り組みが続くが、八九年に杉並区立社会教育センターに発展的に解消され、三五年の歴史を閉じた。

都市公民館のひとつ、原爆投下で未曽有の惨禍を被り、市域が壊滅した広島の爆心地に近い相生橋付近に、一九四九年九月に広島市中央公民館が設立されている。五月に国会で広島平和記念都市建設法が可決され、八月六日に公布・施行された直後のことである。平和都市建設にむけて復興計画が進展し、社会教育に熱意をもつ人々が公民館設置を要望して動き出していた。しかし建築資材も入手できず、市役所も課題山積のなかで、一九四九年七月に第三回卓球庭球マッカーサー杯が広島で開催されることになり、卓球場を公民館に転用するという条件で文部省、建設省の了解をとりつけて、大会終了後市条例によって中央公民館が発足した。

ホールと二つの会議室のみの公民館であったが、市民が原爆被害の資料をもち寄り、展示室が併設された。一九五五年に広島平和記念資料館が建設されて公民館の資料は移され、資料収集の中心となった長岡省吾(当時広島大学理学部地質学教室嘱託)が初代館長となる。全国の公民館でも図書室や郷土資料室の併設が奨励されたが、広島の中央公民館では、人類未曽有の原爆被害の実態と苦しみに住民みずからが向きあい、記憶に刻むために被爆資料をもち寄り、のちに国際平和を願う象徴となる平和記念資料館の礎を築いたのである[19](詳しくは第8章)。

一九四〇年代後半から五〇年代には、それぞれの地域の復興のよりどころとして公民館が設置され、普及していった。しかし、必ずしもすべての公民館がこのような活力をもっていたとはいえず、初期公民館の万能的な性格にいきづまりが表れてくる。社会教育法によって公民館は教育文化施設として規定されたが、公民館が一般行政から独立し、自立的な教育・文化施設としてどう機能していくかはそれぞれの地域によって異なり、必ずしも明確ではなかった。公民館の急激な普及には、地域末端からの民主化と復興、身近な場での学びと文化活動という時代の要請があったといえるが、その後、特に都市部の公民館の普及過程で、教育・学習過程を創造的に発展させ、新たな施設イメージを創り出すことが課題となっていく。

第5章　地域にねざす「学びの公共空間」の形成

1　都市化と新しい公民館像の探求

●一九六〇年代～八〇年代──公民館の拡充整備期

高度経済成長期以降、都市化によってコミュニティの変容が進む一九六〇年代から八〇年代は、公民館の質的な拡充整備期であったといえる。一九五九年に社会教育法の一部改正がおこなわれ、社会教育関係団体への補助金支出などの改正をめぐって、大きな反対運動が起きる。社会教育主事制度が導入されたが、全公連を中心に要求されてきた公民館職員の専門性の確立と身分保障は規定されなかった。しかし、同年社会教育審議会の答申を受けて、文部省から「公民館の設置及び運営に関する基準」が出され、公民館は当該市町村の小学校区または中学校区の通学区域及び人口、交通条件等を勘案して対象区域とし、三三〇平方メートル以上の建築面積をもつという基準が、初めて明記された。また、専任の館長及び主事を置くという条件が課せられ、専門性に考慮した任用についても言及がなされている。

これを契機として公民館の建築基準の向上がはかられ、都市部でも公民館の普及が課題となった。

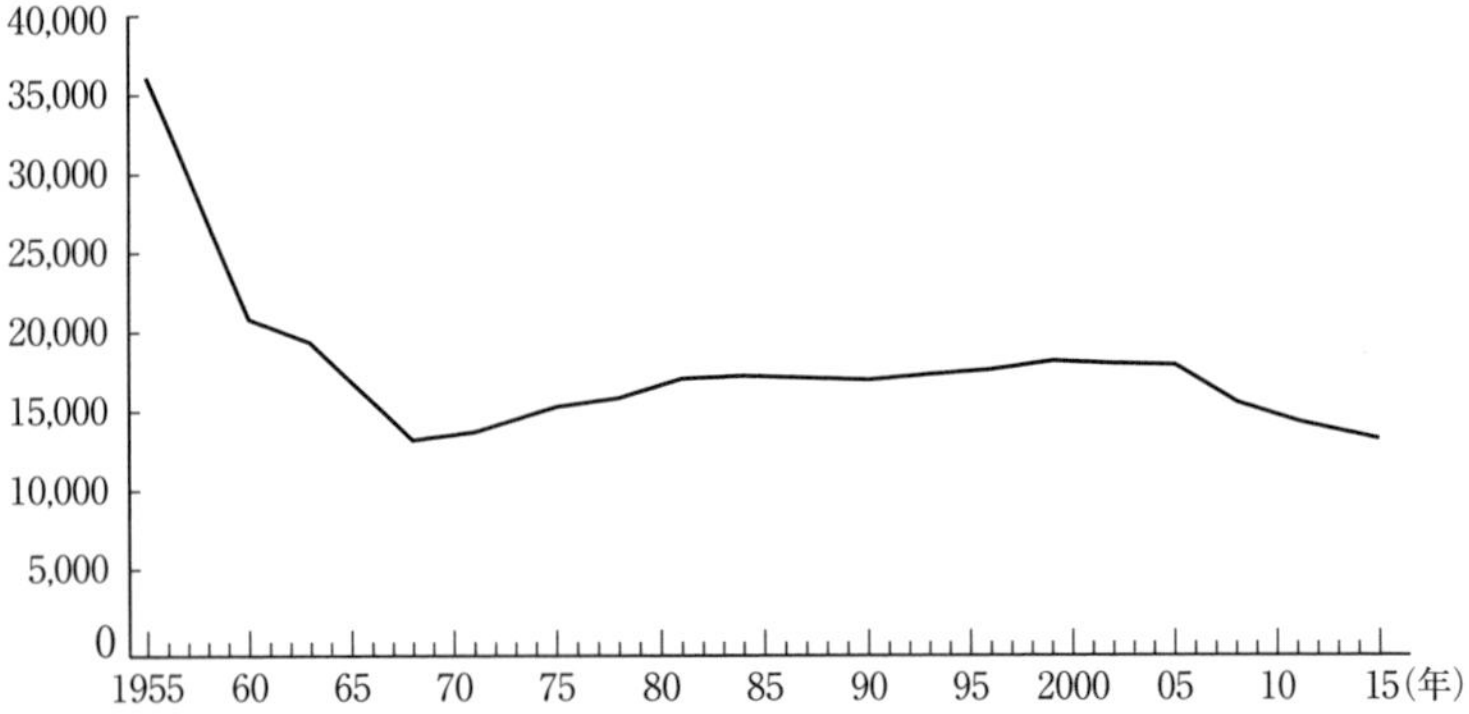

注）公民館数は本館・分館の合計数.
出所）日本公民館学会編『公民館・コミュニティ施設ハンドブック』所収「社会教育施設数」pp. 460-461. 2005年以降は文部科学省「社会教育調査報告書」より作成.

図 5-1　公民館設置数の変化

分館統廃合などによって一九五五年以来下降を続けていた公民館設置数は六九年から増加に転じ、一九七〇年代には全国的に増設傾向となり、九九年には一万八二五七館（本館一万一四一八、分館六八三九）と、戦後二度目のピークに達している[20]（図5-1）。

全公連は一九六七年に「公民館のあるべき姿と今日的指標」を提言し、地域社会の変容のなかでの公民館の存在意義と将来にむけたビジョンを打ち出した。この提言では、歴史的な理念の確認と共に、「公民館の惰性化を打ち破るには、地域の実態に即して、事業の近代化をはからなければならない」という認識のもとに、時代状況の変化に見合った公民館像の探求の方向性を示している。目的と理念については「公民館活動の核心は、国民の生涯教育の態勢を確立するにある」と述べ、現代的な教育システムの発展に応じた公民館の意義を検討している。今日的指標として、①企画の科学化、②事業の近代化、③運営の効率化、④管理の適正化の四点を示し、「公共性」という性格を明確にしつつ、地域住民の要求に応える創造的な事業の実施にむけて、「公民館関係者が総力をあげ」る必要性を提唱した。

全公連の「今日的指標」は、「近代化」という用語によって都市化しつつある時代状況と課題を意識しているが、全国各地で模索されていた社会教育の指針や、地域の公民館主事会の論議からすると、あいまいで不十分という受け止めも少なくなかった。都市化と産業構造の変容のもとで住民は新たな地域的諸課題に直面しており、自治体の地域開発政策と対立する住民の利害関係も生まれていた。従来のような地域網羅的な組織による合意と協力に支えられた公民館運営の原理は、大きく揺らいでいたのである。

現場からの提言

戦後初期の公民館普及が、国・市町村あげての民主化、地域復興と人々の生活再建への意欲に支えられたとするならば、高度経済成長期以降は、都市化し、変容するコミュニティにおいて、「学びの公共空間」の存在意義を住民や職員が主体的に問い直し、「権利としての社会教育」を求め、学習者みずからが動き出すことによって、公民館像の質的な転換を促した時代であったといえよう。

文部省の指針や全公連の提言にとどまらず、市町村の公民館運営審議会や公民館主事部会、広域的な職員の研究懇談会などが提言をまとめ、それらを相互に共有し、学びあう関係も広がった。このような研究・実践交流を通じて、新しい公民館像が探求されていったのである。

一九六五年に長野県飯田・下伊那主事会がまとめた「公民館主事の性格と役割」と題する提言は「下伊那テーゼ」とよばれて、全国的に注目された。(21) この提言では、「民主的な社会教育」を基本理念にかかげて、憲法・教育基本法の理念にねざした社会教育を実現するための公民館主事の役割を検討している。公民館主事は「教育専門職であると同時に自治体労働者であるという二つの性格」をもつととらえ、前者については、権力支配を排除して教育の中立性を守りつつ、「系統的・科学的な教育の組織と内容」を整備すること、「働く国民大衆の運動の中から学」び、「学習内容の体系を地域の実状と対象に応じてきめ細かい学習内容に編成していく」仕事が求められていると提起している。後者については、自治体労働者としての力を養うことと、その主体性の自覚のうえに住民の地方自治を守る実践との共通性を認識し、「働く国民大衆の解放を、意識的、積極的に目指した学習・文化活動を組織していくこと」を課題としている。

ここでは、学習者の主体的な要求に即した社会科学的な学習をどう組織化するかという課題と、公民館主事の専門職性・自治体労働者性という二つの性格を追求する課題が一体的に提起されている。変容する地域社会において住民の主体的な学習運動が広がり、公民館の「学習の自由と政治的中立性」が全県的な問題となり、職員の不当配転問題も頻発していたからこそ、憲法・教育基本法に即した社会教育の理念が再認識され、再構築が求められていたのである。(22)

一方、都市部で憲法・教育基本法の理念にもとづく社会教育のあり方を提起した大阪府枚方市の社会教育委員会議・公民館運営審議会の答申(六三年)は、都市型社会教育の新たな可能性を示した。市民の学習団体代表など一〇人の委員が一年間にわたり審議して答申をおこない、「社会教育をすべての市民に」(「枚方の社会教育」No.2)として枚方市教育委員会から刊行され、「枚方テーゼ」とよばれた。[23] 答申では「社会教育を真に市民大衆のものとしていく方途を講ずることを緊急の課題」として、以下の六つの項目を提言している。

① 社会教育の主体は市民である。
② 社会教育は国民の権利である。
③ 社会教育の本質は憲法学習である。
④ 社会教育は住民自治の力となるものである。
⑤ 社会教育は大衆運動の教育的側面である。
⑥ 社会教育は民主主義を育て、培い、守るものである。

枚方市は大阪府下のベッドタウンで、一九五〇年代には人口五、六万人の小都市であったが、高度成長期の人口急増により、八〇年代初頭には六倍の三五万人以上となった。五〇年代から市民運動が活発で、婦人団体や団地自治会を通じて市民が社会的に行動する土壌があった。公団誘致によって誕生した香里《こうり》団地では、団地自治会、文化会議、全国的に注目された保育所づくり運動などが展開されていた。しかし社会教育施設としては図書館も公民館もなく、婦人学級など限られた主催事業がおこなわれているだけであった。その意味では、戦後いちはやく公民館建設が進められた農村地域とは対照的に、新住民がひとつひとつ要求しながらまちをつくり、生活の向上をはかっていった典型的な新興住宅地である。

答申の「まえがき」では、「社会教育は一部の市民を除いてほとんど知られておりません。社会教育施設は皆無に等しく……社会教育課は教育委員会においてアクセサリー的な存在だと云われてきています。……しかし考えてみれば、市民の平和と民主主義を守り育て、生活を高める大衆運動の原動力が社会教育をおいてどこに求められるでしょうか。……市民運動からようやくにして社会教育は市民の注目を浴び、その存在価値が問われるようになってきました」と述べている。五〇年代に全国的に約三万六〇〇〇館の普及をみた公民館であるが、膨大な都市住民にとっては公民館という言葉も聞いたことがない、利用したことがないという、まったく異なる地域環境があった。枚方テーゼはそのような都市の公民館空白地において、市民たち自身が学習の必要性を認識し、これからの社会教育を市民が主体となって創造しようとする宣言、ビジョンを示すものであった。

この答申でかかげられた「社会教育の本質は憲法学習である」という項目も、広く関心をもって受け止められた。憲法学習は、戦後初期の文部省社会教育行政が啓発事業としてもっとも重視した内容である。答申の後半部分には社会教育行政の課題として、「基本的人権の尊重、民主的な社会の建設、世界人類の平和の実現という基本路線の上に立って」事業を系統的に企画・立案することが提案されている。まさに憲法・教育基本法・社会教育法制定過程で問われた民主的な社会教育のあり方が再認識されている。

枚方テーゼは都市の公民館空白地において、戦後のデモクラシーと社会教育の原理を蘇らせ、市民が主体的に社会教育の必要性を明らかにしたという意味で、高度経済成長期以降の公民館・図書館づくり市民運動などの、全国的な動向に影響を与えた。枚方テーゼは、都市的な社会教育のあり方を考えるひとつの原点となった。

2 市民が創る「学びの公共空間」

国立町公民館の誕生と公民館三階建て論

全国でもっとも大きな公民館空白地域は東京都である。一九五〇年代半ばには全都で一九館、二三区内で公民館が設置されていたのは三区に五館のみであった。七五年には公民館・社会教育館・生涯学習センター等施設は区部二三館、八丈町など島部八館、市町村部四〇館、図書館は区部九三館、島部三館、市町村部六一館と増加をみたが、人口一一〇〇万人以上の広域区域として、きわめて貧弱な施設設置状況であった。その後七〇年代から九〇年代にかけて二三区、多摩地域市町村部ともに公民館等施設と図書館が倍増し、施設整備が進んだ。二三区内では公民館は廃止され社会教育館、生涯学習センターなどの広域的な施設が設置されて、二〇一五年に五七館となる。一方、多摩地域では市民による公民館づくり運動が広がり、「新しい公民館像」が創造されていった(24)。

多摩地域の公民館設置市民運動のさきがけは、国立《くにたち》町(一九六七年、市制施行)の公民館であった。一九五〇年代初頭、朝鮮戦争勃発に伴う米軍立川基地の影響で地域環境が悪化したことに対して、市民がまちの浄化を求めて文教地区指定運動を進め、それを機に青年や婦人のサークル活動が活発化した。市民運動から町政懇談会が生まれ、読書会、音楽会、演劇などの文化活動が広がった。活動場所がないということで国立町公民館設置促進連合委員会が発足し、くにたち婦人会(会員一〇〇〇人)、文教地区協会、青年サークル土曜会(会員一五〇人)やPTAなども要望書を提出してまちづくり運動が広がり、五五年に旧自治体警察庁舎を転用して公民館が開館することになった。土曜会のメンバーであった徳永功(当時一橋大学学生)が専任職員となり、土曜会が所蔵していた一三〇〇冊の図書も公民館に寄贈され、「市民が市民みずからのものとしてつくり、まもり育ててきた道すじ」によってその後の公民館活動が発展していく[25]。

開館してまもなく、生きた現代の教養を身につけるために現代教養講座が始まり、丸山眞男、上原専禄、亀井勝一郎をはじめ、文学、哲学、歴史、経済学、国際関係論などの著名な研究者・文化人が毎年六、七回にわたって招かれている。「ただ現実離れのした講義を聴くのではなく、まさに現実問題を本質まで掘り下げて的確に認識し、自分の頭で正否を判断できるような講座の編成が重要」という考え方にもとづいた主催事業である[26]。六五年から市民大学講座に発展し、翌年からは受講生がみずから調べ発表し、討論する市民大学セミナーも開講される。併設されている図書室でも「図書室のつどい」として著者を招いて懇談する読書会活動をおこない、読書感想を図書館月報に寄せるというユニークな活動も定着し、今日まで続いている。

元国立市公民館運営審議会委員長の上野英雄は、「地域における自治と教育・文化創造の拠点」であり、「地域に『人を育てる働き』を取り戻し地域を豊かな協同性ときそいあいの共同体の方へ、根もとからの組み立て直し作業の拠点として、そのための学習・活動の有力なひろば(公的教育機関)として公民館が存在した」と三〇年の歩みをふりかえっている[27]。

国立市公民館・喫茶わいがやの店内(2014年9月撮影). 提供＝国立市公民館.

六七年には母と子の勉強会が開かれ、全国初の公民館保育室設立の請願がおこなわれ、全国初の公民館保育室が開設される。七五年にはハンディキャップをもつ仲間もふくめた若者のたまり場、コーヒーハウスがはじまり、全国初の公民館喫茶(写真)が誕生する。市民たちが協同で創り上げる公共空間が躍動的に形成され、市民相互の豊かなつながりが生まれていった。

六一年から多摩地域の社会教育職員や研究者が懇談する三多摩社会教育懇談会が開かれるようになった。徳永は、国立町公民館の設置・運営過程をふまえて、公民館とは、①住民の自己解放の場(多面的、魅力的な施設)、②集団的な学習と文化創造の場、③継続的な政治学習であると、あるべき公民館像を提言した。懇談会に参加していた社会教育研究者の小川利夫は「公民館三階建て論」を定式化した。それは、「一階で体育・レクリエーションまたは社交を主とした諸活動がおこなわれ、二階では、グループ・サークルの集団的な学習・文化活動がおこなわれる。そして三階では、社会科学や自然科学についての基礎講座や現代史の学習についての講座が系統的におこなわれる。……そのような公民館の未来像を正に『今日の必要』として現実化するためには、その運動の担い手が基本的に重要な問題となる」[28]という学習の構造化論である。

この論は、三階建ての建物ということではなく、学習の発展構造と主催事業のあり方、職員の関わり・支援のあり方を定式化したものであるが、同時に多様な施設機能をもつ都市的な学びの公共空間のイメージの提言ともなっており、七〇年代以降新設が続いた多摩地域の公民館の建築設計にも影響を与えていった。社会教育施設の大空白地域、東京で公民館と図書館の設置、あるいは両施設の併設が本格的に進められる時代が到来したのである。

東京都教育庁「新しい公民館像をめざして」(三多摩テーゼ)

一九七四年に東京都教育庁社会教育部社会教育主事室が事務局となり、資料作成委員会として多摩地域の社会教育職員・研究者が二年間にわたって研究討議をして「新しい公民館像をめざして」と題する報告書をまとめた。戦後の公民館の歩みと、多摩地域を中心とする市民が主体的に関わって創り出した都市的な公民館の姿を集約した文書であり、「三多摩テーゼ」として今日に引き継がれている[29]。第一部で公民館の四つの役割、運営原則、施設機能、第二部で公民館職員の役割、組織体制を詳細に規定し、最後に「公民館主事の宣言」を提案した。「はじめに」では、この報告書が重視した「公民館を求める住民運動」について、次のように記されている。

「公民館の制度ができてすでに二五年あまり、三多摩のいくつかの地域で最近新しく公民館を求める住民運動の着実なたかまりがみられます。……これらの運動は、かつて『施し設け』られたかたちの公民館を、住民自身の手によって、住民のものにつくりかえていこうという新しい方向をもってきています」、「東京・三多摩におけるはげしい過密・都市化の現象は、地域のなかでの住民の豊かな文化的生存のための条件を悪化させています。他方で住民のなかに主権者意識の成熟があり、また国民(おとな)の学習権の思想のひろがりがみられます。そのなかから、住民が日常的に集会し、学習し、文化活動をいとなむ要求、それを公的に豊かに保障するための施設・職員にたいする要求、の高まりがみられるようになりました」。

このような多摩地域の住民主体の公民館づくり運動をふまえながら、単なる理念原則ではなく、具体的に各自治体の指針となりうるような理念・組織・運営原則が提言されている。実際、その後の多摩地域の公民館新設に際して「三多摩テーゼ」が参照され、それを活かす努力がなされたという点で、大きな影響を与えた報告書である。内容の要点を次頁の表5－1に示す。

「公民館とは何か」では、公民館三階建て論を受けて、学習構造に即した四つの機能を定式化している。当時全国的に問われていた学習の系統性について、多摩地域に広がる講座・市民大学の動向をふまえて「私の大学」と表現した点に、公民館の現代的な意義が象徴的にとらえられている。同時に「たまり場」「集団活動の拠点」「文化創造のひろば」という表現も、多様性をもつ魅力的な施設のあり方を示しており、施設の項目では市民交流ロビー、ギャラリー、ホール、図書室、視聴覚室、保育室など市民が求め、利用する多様な施設機能の一覧が示されている。こうした提言を受

表5-1 「新しい公民館像をめざして」(東京都教育庁, 1974年)

公民館とは何か	①公民館は住民の自由なたまり場です. ②公民館は住民の集団活動の拠点です. ③公民館は住民にとっての「私の大学」です. ④公民館は住民による文化創造のひろばです.
公民館運営の基本	①自由と均等の原則, ②無料の原則, ③学習文化機関としての独自性の原則, ④職員必置の原則, ⑤地域配置の原則, ⑥豊かな施設整備の原則, ⑦住民参加の原則
公民館の施設	①市民交流ロビー, ②ギャラリー, ③集会室, ④和室, ⑤団体活動室, ⑥青年室, ⑦ホール, ⑧保育室, ⑨学習室, ⑩図書室, ⑪美術室, ⑫音楽室, ⑬実験・実習室, ⑭視聴覚室, ⑮その他 事務室, 応接室, 印刷室, 倉庫, 便所, 車庫等
公民館の組織体制	①組織体制の独立性, ②職員の職務の自立性, ③充分な職員配置, ④公民館運営審議会の重視, ⑤条例・規則での明確化
職員の職務	①施設の提供と整備, ②相談, ③集団への援助, ④資料提供, ⑤事業内容の編成, ⑥広報, ⑦庶務・経理(その他省略)

出所) 横山宏・小林文人編著『公民館史資料集成』(エイデル研究所, 1986年) pp. 624-650より筆者作成.

けて、老朽化した建物の建て替えも課題となり、もっとも古い国立市公民館も一九七九年に改築され、新装オープンした。

多摩地域で施設設置計画をめぐって課題となったのが、「地域配置の原則」である。五九年の文部省「公民館の設置及び運営に関する基準」で小学校区または中学校区という通学区域を勘案して対象区域とする指針が出されていたが、人口が急増する大都市近郊地帯でこの基準を遵守することは財政上も都市計画上も相当の困難が伴う。結果的に社会教育会館・生涯学習センター等の広域施設が一、二館という体制の市町村も少なくない。

しかし、都教育庁から出された報告書が学習権思想にもとづく公民館のあり方を明確に提言したことは大きな意義がある。一九六〇年代から七〇年代に市民が社会教育を権利として認識し、公民館や図書館設置を市民運動をつうじて要求する動きが広がった。小川利夫はこうした動きを「住民の学習権としての社会教育」ととらえ、社会教育法第三条は、「憲法・教育基本法の理念にもとづいて『国民の学習権』を原則的かつ具体的に規定したものであり」、「平和と民主主義とりわけ基本的人権の思想と論理が、私たちの実生活上の諸問題の中で具体的に読みとられ学びとられるような学習・教育の内容を自主的・民主的に編成していくことこそが、学習権保障の第一歩である」と新たな解釈を提示した(30)。

「下伊那テーゼ」「枚方テーゼ」「公民館三階建て論と三多摩テーゼ」は、公共の社会教育施設としての公民館の設置、市民主体の学習・文化活動の発展、そして専門的な職員配置等を国民の学習権として明記した現場からの提言として、今日に引き継がれている。

まちづくり構想と公民館運営への住民参加

一九六九年の地方自治法改正により、地方自治体はまちづくりの基本構想の策定が義務づけられ、基本計画、実施計画をつうじて五年から一〇年の見通しで公共施設の整備を進めるようになった。

全国屈指の工業都市川崎市は、五〇年代には人口四五万人、二〇〇〇年代には人口一五〇万人都市へと膨脹が続く。高度経済成長期には大規模な工業化で公害被害も甚大となり、環境の浄化、教育文化水準の向上が求められていた。公民館四館、図書館三館という体制で戦後の社会教育が出発したが、一九七四年の「市民の手による人間都市のまちづくり新総合計画」で、都市問題の解決のためには「市民自治の確立」「地域社会における問題解決能力」の育成が必要であり、そのために社会教育施設の体系的整備をはかるとの提案がなされた。

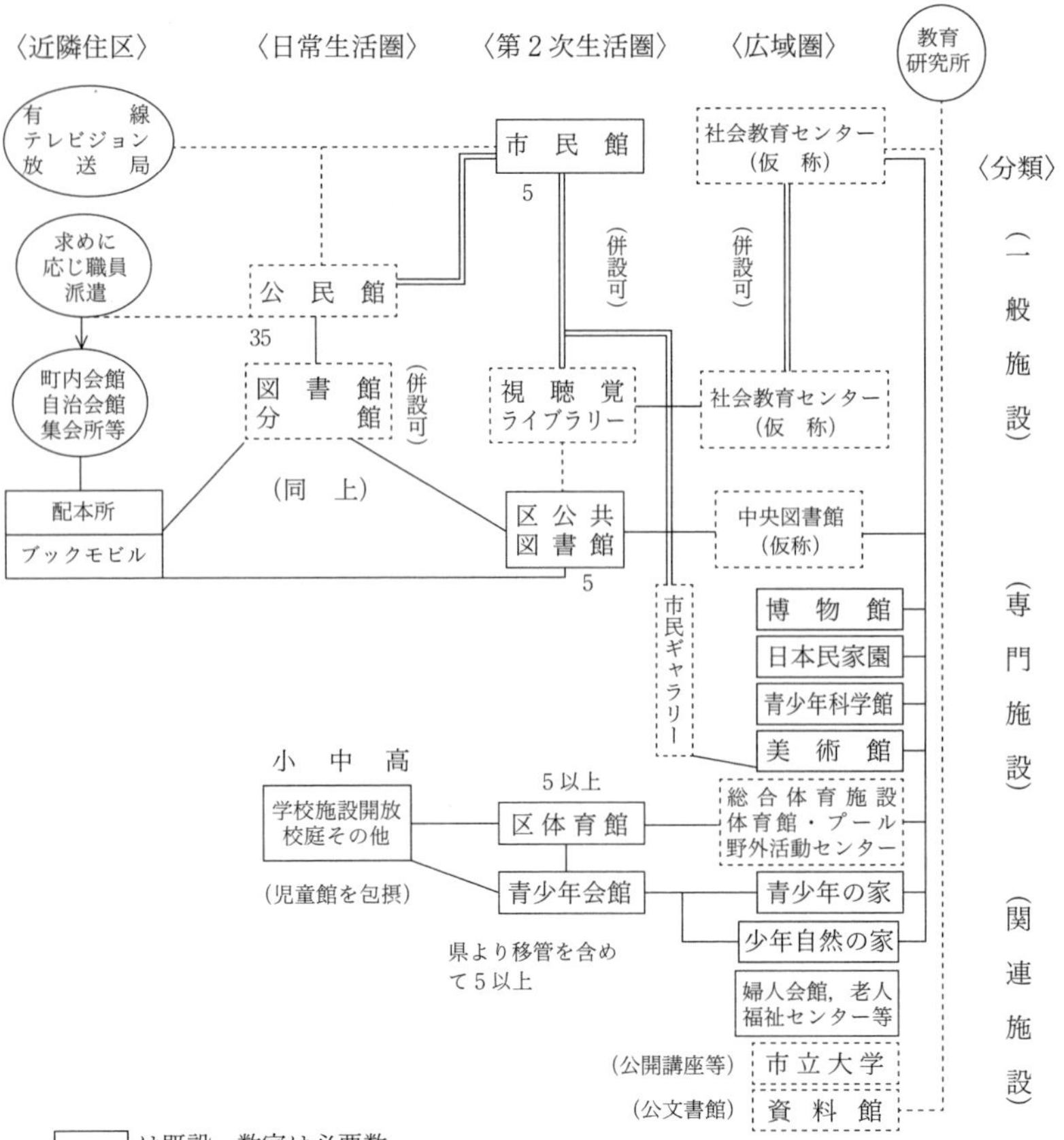

□ は既設，数字は必要数

出所）『川崎市社会教育五十年史』(川崎市教育委員会，1998年) p. 20.

図 5-2　川崎市社会教育施設体系完成図(昭和48年度建議)

「近隣住区」「日常生活圏」「第二次生活圏」「広域圏」に対応して図5－2のような施設配備計画が作成され、実現がめざされる。現在、市民館・分館あわせて一三館、図書館も分館・閲覧所を含み一三館となっている。公民館は大幅に事業が増大しており、市民自治をめざす都市的イメージを打ち出して「市民館」(大型公民館)を各行政区に設置するなど、都市化に応じた社会教育施設構想となっている。このような総合計画の実施過程で、「川崎市文庫読書サークル連絡協議会」「川崎の豊かな教育と文化を考えるつどい」などの市民団体の連携が進み、八〇年代末には「いきいきとした川崎の教育をめざして」の提言によって、全国でも先進的な「地域教育会議」(中学校区、行政区ごとの教育問題の懇談会、市民参加制度)が実現されるにいたる。[31]

各地で生活者としての主体的な学びの覚醒によって国民の学習権思想、権利としての社会教育の運動が広がり、公民館への運営参加、学級・講座の企画内容に住民の要求を反映させる企画運営委員会などの仕組みづくりが検討されるようになった。公民館運営審議会への利用者団体代表の参加、各館の利用団体が職員と協働する利用者団体連絡会議、さらに都市部の公民館でも、公民館報編集委員会への住民参加が実現されている。

一九六〇年代から八〇年代は、新たな理念によって公民館像が刷新されて都市部での新設が進むとともに、各地で市民が「権利としての社会教育」の思想を自覚し、公民館等の運営への参加が広がった。高度経済成長期の地域変容のなかで、公民館をよりどころとして住民が参加し、交流する新たなコミュニティが創造されていった時代であったといえよう。

第6章　「学びの公共空間」の再構築

1　「生涯学習体系への移行」と社会教育の公共性

●「生涯学習体系への移行」と自治体行政改革

一九六五年にユネスコ成人教育推進国際委員会で「生涯教育」(lifelong education) の考え方が提案され、国際社会に大きな影響を与えた。委員長のポール・ラングランは「教育が個人の生涯を通じて行われなければならない」という古典的な永続教育論をふまえながら、「教育は、いまや大人との関係において変革され新しく構想されなければならなくなってきている」と述べ、生涯にわたる発達段階に応じた学習、多種多様な社会的な学習機会の統合によって学校を相対化するという発想から「生涯教育を体系化」し、継続的な学習システムを構想する必要性、そしてそこでは成人教育の重要性が格段に高まることを指摘している。(32)

生涯教育論の提起によって、学校教育修了後という継続的なライフステージへの関心とともに、学校外・社会におけるさまざまな教育機会に目がむけられ、「フォーマル教育」(正規の学校教育)に対する「ノンフォーマル、インフォーマルな教育」(非学校的・学校外的)という新たな教育概念も国

際的に通用するようになった。(33)

日本では中央教育審議会で、「生涯教育の観点から全教育体系を総合的に整備する」(七一年答申)との提言に始まり、八〇年代後半には臨時教育審議会で「生涯学習体系への移行」が打ち出された。ここでは学校中心社会を超えて人々が生涯にわたって学ぶ新しい学習社会を展望しているが、教育の制度的公共性の基盤の拡充ではなく、「教育サービス供給体系」という新自由主義的な考え方が主軸となっていることが特徴的である。

生涯学習論は本来的に人間の生涯にわたる発達可能性をみすえ、社会教育の制度的基盤を超えて社会の多様な学習機会に目を向ける意義、社会教育の刷新・拡充の契機となりうる要素をもっている。しかし八〇年代後半から九〇年代には、学校中心主義の価値観の普及と高学歴化が進み、バブル経済からバブル崩壊の過程における生産至上主義、競争原理による社会のひずみのなかで、地域にねざす社会教育が蓄積してきた価値が見失われようとしていた。九〇年に制定された「生涯学習の振興のための施策の推進体制等の整備に関する法律」(生涯学習振興整備法)においても、「生涯学習振興」における民間事業者の活用、都道府県教育委員会と一般行政との連携と、広域的推進体制が規定されている。この法律では「生涯学習」の定義がなされず、社会教育法との関連性にも言及がないため、都道府県・市町村の社会教育行政の現場に生涯学習と社会教育をめぐる解釈上の混乱を生みつつ、生涯学習振興行政と一般行政との連携が進められていくことになる。

九〇年代後半以降、平成の大合併(九五年合併特例法以降)、「地方分権一括法」(九九年)、「地方教育行政の組織及び運営に関する法律」の改正(二〇〇七年、一四年)等による公共施設再編、規制緩和、指定管理者制度導入、文化・スポーツ施設の首長部局移管、さらには総合教育会議の設置を通じて社会教育行政の一般行政化が全国的に進展し、公共施設のコスト削減・管理の効率性が優先されて、公民館を一般集会施設に再編・統合する動きも加速している。公民館設置数は九九年の一万八二五七館をピークに二〇〇〇年代には下降を続け、一万四〇〇〇館を下回る状況となりつつある。教育行政による住民の自発的な生涯学習の振興というより、経済波及効果や地域活性化を求めて首長部局に一元化しようとする考え方が強まっている(34)。

コラム　社会教育施設と指定管理者制度

2003 年の地方自治法改正によって，公の施設の管理委託が，従来の公益法人等から民間事業者等に拡大されることが決定された．文科省は 2005 年の全国主管部課長会議で，「社会教育施設における指定管理者制度の適用について」を示した．これによって特に図書館，博物館の管理運営の民間事業者への委託が進み，公民館も生涯学習センターや青少年施設と合わせて民間事業者に委託するケースが増えている．社会教育法第 28 条では「市町村の設置する公民館の館長，主事その他必要な職員は，当該市町村の教育委員会が任命する」と規定されるが，指定管理者に委託される場合，この条項は適用されない．

社会教育施設の指定管理者への委託は，2015 年度社会教育調査によると，公民館 8.8%，図書館 15.6%，博物館 29.8%，劇場・音楽堂等 57.7% となっている．

教育基本法改正と公共性の相克

「生涯学習体系への移行」とともに、二〇〇六年には教育基本法の全部改正がはかられ、第三条（生涯学習の理念）が新設されることとなった。ここでは、「国民一人一人が、自己の人格を磨き、豊かな人生を送ることができるよう、その生涯にわたって、あらゆる機会に、あらゆる場所において学習することができ、その成果を適切に生かすことのできる社会の実現が図られなければならない」と規定され、あわせて、社会教育法理念の根底をなしていた旧第二条（教育の方針）が解体されて、まったく別の内容に書き換えられた。

旧第二条では、教育の方針として「学問の自由を尊重し、実際生活に即し、自発的精神を養い、自他の敬愛と協力によって、文化の創造と発展に貢献するように努めなければならない」とうたっていた。戦前教育体制の国家的統制、国民教化的教育観、忠君愛国的道徳観を根本的に否定し、戦後の民主的、進歩主義的教育観にもとづく公教育のあり方と社会における自発的学習の意義を規定した条項であった[35]。

これに対して改正教育基本法第二条（教育の目標）では、「教育は、その目的を実現するため、学問の自由を尊重しつつ、次に掲げる目標を達成するよう行われるものとする」として五項目、二〇あまりの教育目標をかかげている。「豊かな情操と道徳心を培う」「個人の価値を尊重」「自主及び自律の精神」「正義と責任」「男女の平等」「公共の精神」「主体的に社会の形成に参画」「生命を尊び……環境の保全に寄与する態度」「伝統と文化を尊重」「我が国と郷土を愛する」「国際社会の平和と発展に寄与する」など、国家が期待する国民の人格形成、倫理的道徳的態度などの目標が列挙され、これらの「目標を達成する」ことが教育であると規定された。旧第二条に定められた平和で民主的な国家建設にむけた社会教育の原理が、新教育基本法第二条の国家的教育目標を達成する「教育」と第三条の個人主義的生涯学習観に分断され、再規定された改正であった[36]。

「生涯学習体系への移行」による新自由主義的教育観と民間活力の振興、そして教育基本法全部改正のもとでの国家主義的教育観のはざまで、学びの公共空間に蓄積されてきた市民的公共性をどのように持続可能な原理として継承していくのか、公共性をめぐる問いは厳しい相克のなかにある。

●社会教育終焉論

「生涯学習体系への移行」のもとで公民館の存在意義がネガティブにとらえられるようになってきた状況について、早くからそれを予見して問題が投げかけられていた。市民自治と分権を主張した政治学者の松下圭一(一九二九〜二〇一五)は、一九八六年に『社会教育の終焉』を刊行して、社会教育関係者に大きな衝撃を与えた[37]。松下は東京都教育庁の三多摩テーゼをとりあげ、七〇年代以降広がるコミュニティ・センターとの比較をおこない、職員を必置とする公民館を、次のように批判している。「社会教育行政ないし公民館は、市民をオシエ・ソダテル『対象』としているのであって、市民が政治・文化の『主体』となる事態を想定していない」、「市民の生活から政治までの学習をふくめた文化活動が多様化・高度化していくとき、どうして社会教育行政職員がこれに追いつけるのかという『行政の限界』をめぐる問い」が欠落している。「行政としての限界意識が欠如しているのみならず、市民にたいする介入がおきるのである。行政の官治・無謬・包括性に即応する無限肥大がこの『社会教育法』自体にある」。

松下は、憲法第二六条「教育を受ける権利」を文字どおり「受ける」ことに限定して、主権の主体である成人市民を「育成」する教育を否定し、市民が自由につどい自立的に文化活動をおこなううえで、シビル・ミニマムとしての集会施設の整備こそが行政の役割であると主張する。松下の論は、当時の文部行政が社会教育から生涯学習への概念的転換をはかる方向性を見通しており、他方で九条俳句不掲載のような介入が生じうることも予見し、国民教化、あるいは啓蒙という社会教育の歴史的性格を脱却しえないと考える、一定の先見性をもった社会教育終焉論であった。

しかし、都市化の時代に市民がみずから権利としての社会教育を求めて施設づくり運動を展開した歴史、そのなかで市民が主体的に学びの公共空間を育んできた実践的過程と、それを支える学びの原理については看過されている。松下が強調する市民文化活動自体も、文化ホールの公共整備にとどまらず、たとえば高齢者劇団や障害者のアートフェスティバルなど、すべての人の参加を促す支援的事業がおこなわれている。学習活動においても文化活動においても、市民主体の公共空間としての運営原理、職員と住民の協働関係が構築される必要があり、終焉論を超えて論じられるべき課題が残されていたはずである。

2 共に生きる社会づくりと「学びの公共空間」の再構築

●「忘れられた人びと」の再発見と共に生きる社会づくり

首都圏への人口集中、大半の自治体の人口減少と急激な高齢化、そして都市部での勤労者の多忙化、三〇代から四〇代にいたる独身の若年層の増大、子どもを生み育てるゆとりのないカップルなど、ライフスタイルが著しく変容しつつある。「生涯学習体系」への移行により「いつでも、どこでも」学習する機会をもつどころか、学ぶ時間も機会もないという市民が過半数を占める状況となっている。一方で、いじめなどによる不登校、中途退学、非正規雇用などの要因で「若者が社会的弱者」となる社会、七人に一人は貧困に苦しむ子どもたちがいるといった社会の格差が現出している。(38)

東京都教育庁の「三多摩テーゼ」作成に中心的に関わった社会教育研究者の小林文人は、「三多摩テーゼ」の弱点を超えるために、障害者青年学級などの「忘れられた人びと」の学びに注目し、ユネスコ学習権宣言をふまえた公民館の「三つの挑戦」を提起した。①「忘れられた人びと」への挑戦、②切実な生存権的課題への挑戦、③地域と住民自治への挑戦、である。小林は公民館の「非参加層」として、働き盛りの勤労者、経済的生活的な困窮者、読み書きの機会・能力が充分でない人たち、出稼ぎ者、ひとりぼっちの老人たち、地域に定着しにくい若者たち、在日外国人、障害者、被差別にあえぐ人たちなどをあげている。「社会的にみていわゆる不利益を受けている(disadvantaged)少数者(minority)」に寄り添った「切実な生存権的課題による内容編成」を実現することを通じて、「公民館の再発見」の可能性を示したのである。[39] この視点は同時に、「社会教育終焉論」へのアンチテーゼでもあった。

一九七〇年代に多摩地域で新たに設立された公民館では、地域にねざす公民館のあり方を探求し、市民の自己実現要求としての生涯学習にとどまらず、人々の共生を育む新たな社会づくりへと歩みを進めている実践が地道に蓄積されている。

東京通勤圏のベッドタウンで人口約一二万人の国分寺市は、中学校区に一館、全市五館体制で公民館と図書館が併設され、それぞれの地域に密着したぬくもりのある公民館活動を生み出してきた。[40] なかでも七〇年代半ばに始まった障害者青年学級「くぬぎ教室」では毎年数十名の若者がスタッフと共に学び、卒業後の自主グループ活動を継続している。障害者の社会参加と働く場所を創り出す支援として、九〇年代には、障害者支援団体や公民館ボランティアが協働して公民館喫茶を開設した。公民館ロビーの一角を喫茶室に活用し、昼食も毎日約五〇食が提供されている。障害者センターと連携するまつり、ロビーコンサート、茶話会、ハイキングなどが年間行事として実施され、二〇一〇年には、NPO法人「国障連(国分寺市障害者団体連絡協議会の略)喫茶」が誕生した。国分寺市地域活動支援センターⅢ型事業事務委託による財政支援を受けて運営され、地元大学生ボランティアの受け入れ、特別支援学校の高校生たちの実習受け入れ、「全国喫茶コーナー交流会」への参加など、学校・地域を越えたネットワークを広げている。

また、公民館主催事業として一九八〇年に始まった「国分寺のまちづくりと農業」の講座では、

子ども農業体験講座のようす．提供＝国分寺市立並木公民館．

地元農家と連携し、市民農園、学童農園で世代を超えた参加・交流がはかられ、都市近郊農業の視点からのまちづくり、環境問題や防災などのテーマで講座が継続している。幼児から高齢者までが交流し、野菜づくりや肥料づくりを体験し、都市農業と共生する「農のあるまちづくり」が発信されている（写真）。地場農産物を使って、郷土料理を味わい、都市のオアシスとして農園の活動が続いている[41]。

地域のネットワークづくりの場として、二〇〇〇年代には地区公民館単位に地域会議が発足した。公民館運営サポート会議、図書館、児童館、小中学校長、ＰＴＡ、民生委員、町内会、消防署、商店会、社会福祉協議会、公民館喫茶、地域包括支援センターなどのメンバーが定期的に情報交換し、地域協働事業や異世代交流事業を企画実施している。農村部の公民館ではこのような連携は従来からなされているが、首都圏ベッドタウンであっても、中学校区という日常生活圏での地域相互の関係や協力を通じて共につながり、共に地域を創る「学びの公共空間」が生み出されているのである。

小林文人は、「三多摩テーゼ」が描いた都市型公民館は施設主義に陥りやすく、公民館本来の地域主義が根づきにくいという課題を提起している。しかし「三多摩テーゼ」の実現をめざしてきた国分寺市公民館では、社会的に弱い人々と共に学ぶ場づくり、子どもから大人まで、まち全体をフィールドとして学ぶ活動を積み重ねて地域づくりとの循環を生みだし、職員と住民の協働から地域の多様な主体との連携へと、共生の社会づくりが着実に根を張っている。そして現在、公民館運営審議会では「地域に根ざす公民館のあり方」を主題として、さらに多くの市民のつながりを広げていく可能性を模索しているのである。

●公民館を核に広がる地域ネットワーク

文部科学省の優良公民館表彰でも、多様な団体・グループの連携・協力、講座の企画への住民参加、公民館報の編集委員会への住民参加などの事例が多くとりあげられている。親子の育児サークルの交流や小中学生の地域における野外体験活動、中高校生や大学生が講師やボランティアとして学習支援に関わること、放課後子ども教室を担うボランティアや図書館と連携した読み聞かせボランティアの養成、地域の資源を活用した地域課題学習・郷土史学習、自治会や商工会等が協力する防災・まちづくり学習、高齢者の交流と生きがい学習、外国人のための日本語教室ボランティア養成などが実施されている。公民館がコーディネート機能を発揮して、学校・ＰＴＡ、児童館、図書館、博物館やスポーツ施設、高齢者施設、国際交流協会、社会福祉協議会、NPOなどとの連携を促進することも近年重視されている。(42)多様な生涯学習の機会の広がりのなかでも、公民館は地域にねざす学びの公共空間として持続し、近年の地域衰退の状況のなかで、地域再生の役割を果たしていることがうかがわれる。

東京都西東京市の公民館も、六館体制で市民参加型企画を重視した事業がおこなわれている。公民館だよりは、全市レベルに編集室がおかれ、公募による市民編集委員が参加して毎月充実した記事を編集し、市民の投稿や利用団体の様子が幅広くとりあげられている(次頁の写真)。

二〇一〇年の優良公民館の事例をみると、佐賀市立循誘《じゅんゆう》公民館では、少子高齢化や商店街空洞化に対して、住民みずからまちづくりへの参画をめざし、文化サークルの活動を活発におこなっている。佐賀城下ひなまつりに合わせて文芸作品を募集する「じゅんゆうおひなさま文芸賞」の事業を実施し、応募された作品は公民館サークル、「絵手紙・書道グループ」によって短冊の作品に清書される。地域住民のボランティアと中学生ボランティアの協力を得て、イベント会場周辺に展示し、地域住民の多くが作品創作と鑑賞に参加する事業となっている。

鳥取市湖山《こやま》西地区公民館では、鳥取大学の外国人留学生との交流を進め、「住民が主役の国際交流事業」をおこなっている。鳥取地方の伝統的な「流し雛」を制作する交流、地域に定住する外国人を講師に招き開催する「外国語講座」(ハングル、中国語、英語)で相互に学び合い、国際理解を深めている。

平成30(2018)年
4月1日
第203号 毎月発行
編集 公民館だより編集室
発行 西東京市公民館
毎月第4月曜日は休館日です

西東京市 公民館だより

Welcome to Japanese class!
马上就要开设日语教室了！
일본어강좌가 시작됩니다
にほんごこうざが はじまります！

柳沢公民館	柳沢1-15-1	☎042·464·8211	kouminkan@city.nishitokyo.lg.jp
田無公民館	南町5-6-11	☎042·461·1170	tana-kou@city.nishitokyo.lg.jp
芝久保公民館	芝久保町5-4-48	☎042·461·9825	shiba-kou@city.nishitokyo.lg.jp
谷戸公民館	谷戸町1-17-2	☎042·421·3855	yato-kou@city.nishitokyo.lg.jp
ひばりが丘公民館	ひばりが丘2-3-4	☎042·424·3011	hibari-kou@city.nishitokyo.lg.jp
保谷駅前公民館	東町3-14-30	☎042·421·1125	ekimae-kou@city.nishitokyo.lg.jp

平成30年度の公民館事業 ～公民館は、市民の学びや文化活動、地域活動を支援する教育機関です～

公民館の主な事業
学級・講座の実施
公民館だよりの発行
公民館市民企画事業の実施
学習支援保育の実施
～市民の学びを支えるために～

西東京市公民館は、6館が市民の学習・文化活動と交流の拠点となるような運営に努めてまいります。地域の諸団体・機関と連携しながら、市民が語り合い、支え合うことを大切にした地域づくりの視点で各種事業を行い、主体的な学びを支えていきます。今年度の事業についても、平成29年1月に公民館運営審議会よりいただいた答申「西東京市公民館の主催事業における市民との協働・市民参加のあり方について」を十分にふまえ実施していきます。

重点的な取り組み

平成30年度は、次の3つを重点的な取り組みとしてとらえ、学級・講座などの主催事業を企画・実施していきます。

■ 複雑化する地域課題の解決に向けた取り組み
公民館は、さまざまな地域課題を市民が主体的に解決できるよう、地域の諸団体や行政の諸部門と課題を共有し、解決に向けた様々な連携や取り組みに努めます。

■ 共生社会の実現に向けた取り組み
誰もが等しく尊厳を持ち生きることのできる社会の実現のために、共通認識を持つための機会を作り、障がいがある人、外国籍市民や性的少数者も視野に入れ、互いの存在を認め合う地域社会の実現のための学習機会の提供に努めます。

■ 市民の学び合いの広がりを支える取り組み
現在、官民問わずさまざまな学習の機会・場がある中、豊かな語り合い、支え合いのある地域社会につながるような学びの広がりがより継続的に行われるよう、公民館は支援します。

6館が事業を効果的に展開できるよう、各館で学習テーマを分担し事業実施します。なお、全館で防災講座に取り組み、保育室のある5館では保育付き講座を実施します。

重点施策

平成30年度は重点的に次の3つの施策に取り組みます。

■ 地域と共同の事業実施
地域の諸団体や行政の諸部門と連携し、住民のニーズに応じた事業を各館で実施します。

■ 障がいがある人を対象にした事業の充実
障がい者学級を充実し、障がいの有無にかかわらずともに学ぶ事業を実施します。

■ 公民館事業・運営への市民参加の促進
利用者同士、利用者と職員が相互に意見交換する機会を作り、事業の企画や館の運営への市民の参加を促します。

館名	今年度、力を入れていくテーマや事業
柳沢	中央館として、地域の課題を総合的に考え、関係機関と幅広く連携し事業を実施します。
田無	高齢者の孤立や子どもの貧困に焦点をあて、市民が支え合う仕組み作りを支援します。
芝久保	子どもを見守り、公民館が子どもの居場所となるよう、地域の協力を得ながら取り組みます。
谷戸	コミュニティのあり方、地域の絆を深める事業に取り組みます。
ひばりが丘	高齢化や子どもをめぐる課題を見据え、地域の機関・人材との連携に力を入れます。
保谷駅前	地域と連携しながら、現代的課題に取り組みます。また、青少年対象の事業を展開します。

柳沢 子育《こそだ》て中《ちゅう》の外国人女性《がいこくじんじょせい》のための日本語講座《にほんごこうざ》 保育付《ほいくつ》き

柳沢公民館《やぎさわこうみんかん》で日本語《にほんご》を勉強《べんきょう》する講座《こうざ》がはじまります。
幼《おさな》い子《こ》をもつお母《かあ》さんも勉強《べんきょう》できます。お母《かあ》さんが勉強《べんきょう》している間《あいだ》、子《こ》どもたちは、保育室《ほいくしつ》で友達《ともだち》と遊《あそ》びます。

時 平成《へいせい》30年《ねん》5月《がつ》11日《にち》～平成《へいせい》31年《ねん》3月《がつ》15日《にち》
毎週金曜日《まいしゅうきんようび》10時《じ》～12時《じ》
※夏休《なつやす》み・冬休《ふゆやす》みがあります。
場 柳沢公民館《やぎさわこうみんかん》
対 西東京市《にしとうきょうし》に住《す》んでいる子育《こそだ》て中《ちゅう》の外国人女性《がいこくじんじょせい》
定 20人《にん》（申込順《もうしこみじゅん》）
保 6か月以上小学校《かげついじょうしょうがっこう》に入《はい》るまでの乳幼児《にゅうようじ》15人《にん》
（1歳未満《さいみまん》は3人程度《にんていど》）
¥ おやつ代《だい》は1回《かい》50円《えん》
申 柳沢公民館《やぎさわこうみんかん》へ来《き》てください。
電話《でんわ》やＦＡＸ、メールでも受《う》け付《つ》けます。
電　話：042-464-8211
ＦＡＸ：042-464-8212
メール：kouminkan@city.nishitokyo.lg.jp

"Japanese course for foreign mothers who are bringing up children" (a nursery is available)
Yagisawa Kouminkan will hold the Japanese course for foreign mothers who are bringing up children.
◆ Schedule : Every Friday 10:00～12:00
◆ Place : Yagisawa Kouminkan
◆ Application :
You can apply directly, or contact us by fax or e-mail.
Telephone 042-464-8211(Japanese only)
Fax number 042-464-8212
E-mail kouminkan@city.nishitokyo.lg.jp

面向外国人的日语讲座招生
时间: 每周星期五 上午10:00～12:00
地点: 柳沢公民馆
【特色】
欢迎带着幼儿的母亲参加。
孩子可以在保育室跟小朋友们一起玩耍，母亲可以安心的学习。
当然，也可以一个人参加。
【咨询方式】
柳沢公民馆
邮箱: kouminkan@city.nishitokyo.lg.jp

외국인을 위한 일본어강좌 참가자 모집
시간 매주 금요일 오전 10시부터 12시까지
장소 야기사와 공민관
어린 자녀가 있는 엄마들을 위한 일본어 강좌입니다.
엄마가 공부하는 동안 아이들은 보육실에서 친구들과 함께 놀 수 있습니다.
물론 보육시설을 사용하지 않고 혼자라도 수업에 참가하실 수 있습니다.
문의는 야기사와 공민관으로 연락해 주세요.
이메일 kouminkan@city.nishitokyo.lg.jp

写真で見る いまむかし
東伏見駅南口

西武新宿線 東伏見駅南口
昭和46（1971）年撮影
西東京市中央図書館地域・行政資料室所蔵

現在の東伏見駅南口
撮影：水口トミオ（保谷町在住）

東伏見駅は、昭和2（1927）年、旧西武鉄道の高田馬場～東村山間開通と同時に"上保谷駅"として開業。昭和4年に東伏見稲荷神社が創建されると現在の駅名に改称しました。昭和58年に島式ホーム2面3線が島式ホーム2面4線に改良され、橋上駅舎となりました。

声の「公民館だより」をお届けしています。知り合いで希望される方がいらっしゃいましたら、谷戸図書館（電話042-421-4545）へお問い合わせください。

充実している西東京市公民館だより（4頁構成の第1面）．提供＝西東京市公民館．

公民館は公立社会教育施設として主催事業をおこなうだけではなく、地域固有の資源を学習資源として活かし、さまざまな出会いと交流を通じて地域全体に学びのネットワークを広げ、全地域住民の関心を高め、学びと文化を創造する核となっている。公民館が社会教育機関としての公共性をもつがゆえに、信頼関係によって共同的な関係をつなぐ役割を果たしうる点も見落とすことはできない。諸機関との連携をコーディネートするうえで、管区全体の住民諸団体との協働を促す職員の役割は、学びの公共空間の公共性という性格・機能を浮き彫りにしているといえる。「学習」という行為は個々人の関心を出発点としており、意識的な「社会参加」の目的をもたない状態でも互いに関わり合うきっかけとなりうる。「学習」をキーワードとする「参加」は、もっとも広くすべての住民に開かれた参加形態であり、個々人の生活と「公共」レベルの不断のフィードバックを通じて参画・協働のまちづくりの土壌を培う意義をもちうるといえよう。

CLCとしての発信

文科省生涯学習政策局社会教育課の政策形成も、以上のような実践展開に即して複眼的にとらえることができる。たとえば、同課が設置した「学びを通じた地域づくりの推進に関する調査研究協力者会議」の論点整理「人々の暮らしと社会の発展に貢献する持続可能な社会教育システムの構築に向けて」(二〇一七年三月)では、地域ネットワークを広げる公民館活動の事例をふまえ、「社会教育が、地域住民のつながりを深め、『学び』を地域課題の解決につなげていくことにより、人々の暮らしと社会の発展に大きく貢献することができる可能性を有していることを示唆している」と評価している。とりわけ、①地域コミュニティの維持・活性化への貢献、②社会的包摂への寄与、③社会の変化に対応した学習機会の提供をめざし、「地域課題解決学習」の位置づけを明確化することを基本的な課題として投げかけている。公民館は、このような課題を担う中心的な役割を果たし、さらに「公民館・図書館・博物館相互の連携・協働」も重要性をましていると提起されている。社会教育法にもとづく施設体系をよりどころとする社会教育の再構築を示唆する提言といえる。

国際社会では、一九八五年のユネスコ学習権宣言を機に、学習機会に恵まれない人々の学習権保障の問題が重視され、移民の識字教育、就労の困難な青年の社会参加、職業教育などへの公的保障が拡充されていく。「万人のための教育世界宣言」(九〇年、ＥＦＡ世界会議)、「成人の学習に関するハンブルク宣言」(九七年、ユネスコ第五回国際成人教育会議)などの合意を通じて、基礎教育、識字、男女平等、「持続可能な発展」をめぐる課題に取り組み、グローバル化のなかで教育権、学習権を承認する必要性が合意されつつある。

特にアジア地域では日本ユネスコ協会連盟などの支援で、公民館的な地域の学習施設(コミュニティ学習センター：Community Learning Center＝ＣＬＣ)が広がりをみている。伝統的に民間団体の自主性を基盤に組織されてきた成人教育、ノンフォーマル教育の領域で、生存権的な権利として教育格差を縮小するための継続教育機会の国家的保障が課題とされ、学習権の原理にもとづく成人教育の公共性の拡大がはかられつつある。(43) このような国際動向に照らして、日本の社会教育・生涯学習政策における公共性の再構築の方向性を探る必要がある。

他方、ＣＬＣにおけるＮＧＯなどのより多様な運営主体の実態をふまえるならば、社会教育における相互学習、共に生きる社会づくりという方向で、NPOやボランティア団体とビジョンを共有し、より幅広いネットワークを形成していくことも課題となっている。東日本大震災の被災地でコミュニティ・カフェや「お茶っこ」が広がりをみたが、現在その数は全国で三万カ所に及ぶという。認知症カフェなどが高齢者のNPOによって設立され、コミュニティ・カフェの一部は公民館でも開催されている。子どもたちにあたたかい食事と団欒をという「子ども食堂」は、わずか二、三年で三〇〇カ所を超え、地域の新しい居場所・協働のよりどころとなっている。子ども食堂の場合も公民館の調理室が活用され、公民館で食事会が開催されている例が少なくない。コミュニティ・カフェでは、全国で六〇〇万を超える空き家・空き店舗が活用される事例も多く、また地域活性化、コミュニティ・ビジネスとしての農家レストランなどの展開もみられる。廃校となった学校でも地元の住民が、食堂やホテルなどを経営して地域おこしにつなげている。

公民館はこれらの「場所」をつなぎ、「学びの公共空間」として共に課題を掘り下げ、人的支援をおこなうなどの有効な役割を果たしうる。「コミュニティ・カフェを起点に市民が育つ」「市民育ち」という発想、あるいは異業種交流から発展したまちづくり研究所の経験など、「アパシーからシンパシー」へと人々の意識を変えるつながりの力は、「学びの公共空間」から共に生きる社会づくりへの大きな可能性をもたらしているといえよう。(44)

（1）小川利夫「歴史的イメージとしての公民館」日本社会教育学会編『現代公民館論』東洋館出版社、一九六五年、一一～二一、二四～二八頁、宮坂広作『近代日本社会教育史の研究』法政大学出版局、一

九六八年、第一部第四章「社会教育の施設」。

(2) 川本宇之介『社会教育の体系と施設経営　体系篇』最新教育研究会、一九三一年。以下の引用は、四、一四～一六、一九七～二二二、二四三～二四四、三六〇頁など。川本については同右『近代日本社会教育史の研究』第五章。

(3) 長野県北安曇教育会編『信濃木崎夏期大学物語』信濃教育会出版部、一九七八年。

(4) 碓井正久編『戦後日本の教育改革　第一〇巻　社会教育』東京大学出版会、一九七一年、一八～二〇頁。

(5) 初期公民館構想、公民館の制度化の過程については、横山宏・小林文人編著『公民館史資料集成』エイデル研究所、一九八六年、に詳細な資料集成にもとづく考察がなされている。他に日本社会教育学会編『現代公民館の創造――公民館五〇年の歩みと展望』東洋館出版社、一九九九年、日本公民館学会編『公民館・コミュニティ施設ハンドブック』エイデル研究所、二〇〇六年など。

(6) 「公民館・コミュニティ施設の歴史」同右『公民館・コミュニティ施設ハンドブック』。

(7) 以上の経緯については、宮原誠一・丸木政臣・伊ヶ崎暁生・藤岡貞彦『資料日本現代教育史　一（一九四五～一九五〇年）』三省堂、一九七四年、及び注(5)の諸文献参照。

(8) 全国公民館連合会『全公連二五年史』一九七六年、一四頁。

(9) 文部省社会教育局編『社会教育の手引き』一九五二年、一四三～一四四頁。

(10) 前掲『公民館・コミュニティ施設ハンドブック』六〇頁。

(11) 同右、五六頁。

(12) 千野陽一「初期公民館活動の性格」前掲『現代公民館論』八六～九〇頁。

(13) 前掲『全公連二五年史』八～一〇頁。

（14）　鈴木文庫懇談会編『鈴木健次郎集　二』秋田県青年会館、一九七四年、第二部「優良公民館の実例に見る」。
（15）　長野県公民館運営協議会・長野県公民館活動史編集委員会編『長野県公民館活動史』一九八七年、第一章「公民館の創設」。
（16）　鈴木健次郎「都市公民館のあり方」前掲『鈴木健次郎集　二』「公民館運営の理論と実際」六〇～六六頁。
（17）　安井郁『民衆と平和――未来を創るもの』大月書店、一九五五年、杉並区立公民館を存続させる会『歴史の大河は流れ続ける』一～四、一九八〇～八四年、すぎなみ社会教育の会編『つながる――杉並の社会教育・市民活動』エイデル研究所、二〇一三年、丸浜江里子『原水禁署名運動の誕生――東京・杉並の住民パワーと水脈』凱風社、二〇一一年など。
（18）　同右『民衆と平和』四三～四七頁。
（19）　ひろしまの公民館五〇周年記念事業実行委員会編『ひろしまの公民館五〇年の軌跡――第一一回全国生涯学習フェスティバルに寄せて』一九九九年、一～三頁、広島平和記念資料館編『三〇年のあゆみ』一九八七年、八～九頁。
（20）　前掲『公民館史資料集成』、『全公連二五年史』、『公民館・コミュニティ施設ハンドブック』など。
（21）　前掲『現代公民館論』一七六～二二一頁。
（22）　前掲『長野県公民館活動史』二四二～二四四、二五八～二六三頁。
（23）　井上隆成「大阪府枚方市の住民運動と社会教育」戦後社会教育実践史刊行委員会編『戦後社会教育実践史　第三巻　開発政策に抗する社会教育』民衆社、一九七四年。
（24）　東京都社会教育史編集委員会編（小林文人・編集代表）『大都市・東京の社会教育――歴史と現在』

エイデル研究所、二〇一六年、第Ⅰ部通史、資料編。
(25) 国立市公民館創立三〇周年記念実行委員会記念誌部会編『くにたちの公民館』国立市公民館、一九八五年。
(26) 徳永功「公民館活動の可能性と限界」一九六五年、前掲『公民館史資料集成』五九二頁。
(27) 前掲『くにたちの公民館』二一四~二一五頁。
(28) 前掲『公民館史資料集成』五八五~五八六、五九一頁。
(29) 同右、六二四~六五八頁。
(30) 小川利夫「住民の学習権としての社会教育」小川編『住民の学習権と社会教育の自由』勁草書房、一九七六年、五九、六七頁。
(31) 川崎市社会教育五十年史編集検討委員会編『川崎市社会教育五十年史』川崎市教育委員会、一九九八年、二〇~二二、二九~三二頁。
(32) ポール・ラングラン、波多野完治訳『生涯教育入門』全日本社会教育連合会、一九七一年、四六~四七、五一~六〇頁。
(33) A. C. Tuijnman ed., *International Encyclopedia of Adult Education and Training*, 2 ed., Pergamon Press, 1996.
(34) 長澤成次『公民館はだれのもの――住民の学びを通して自治を築く公共空間』自治体研究社、二〇一六年、第一章、第二章。
(35) 文部省教育法令研究会『教育基本法の解説』国立書院、一九四七年、六九~七四頁。
(36) 佐藤一子「教育基本法改正案と社会教育」教育学関連一五学会共同公開シンポジウム準備委員会編『教育基本法改正案を問う――日本の教育はどうなる』学文社、二〇〇六年、四八~五二頁。

(37) 松下圭一『社会教育の終焉』筑摩書房、一九八六年、六一、六三、八〇頁。
(38) 宮本みち子『若者が〈社会的弱者〉に転落する』洋泉社、二〇〇二年、阿部彩『子どもの貧困――日本の不公平を考える』岩波書店、二〇〇八年。
(39) 小林文人編『公民館の再発見――その新しい実践』国土社、一九八八年、五四、四三～四六頁。
(40) 第一期国分寺市公民館運営審議会答申「地域づくりを目指した公民館のあり方――人と人がつながり、学びと地域づくりが循環する公民館活動」。二〇一七年五月には、国分寺市公民館五〇年の歩みが地域づくりの視点から総括されている。
(41) 渡辺善次郎他編『「農」のあるまちづくり』学陽書房、一九八九年。
(42) 全国公民館連合会編『公民館関係者必携(平成二二年版)』二〇一〇年、一一九～一二九頁参照。
(43) 佐藤一子『生涯学習と社会参加』東京大学出版会、一九九八年、前掲『公民館・コミュニティ施設ハンドブック』第Ⅱ部第一五章「世界の社会教育施設」、新海英行・松田武雄編著『世界の生涯学習――現状と課題』大学教育出版、二〇一六年など。
(44) 陣内雄次・荻野夏子・田村大作『コミュニティ・カフェと市民育ち――あなたにもできる地域の縁側づくり』萌文社、二〇〇七年、山納洋『つながるカフェ――コミュニティの〈場〉をつくる方法』学芸出版社、二〇一六年など。

第III部

現代的課題に関する学習

——主権者としての学びを育む

公民館運動の先進的取り組みに挑戦する岡山市，2014 年 10 月 CLC 国際会議の様子．提供＝岡山市．

公民館では、コミュニティを創造する学びが展開されてきた。住民が地域にむきあい、学習を通じて地域に主体的に参加することが、社会全体のデモクラシーを維持、発展させる。

第Ⅲ部では、現代的課題に関する学習の基本的な柱である平和・人権学習、地域課題解決学習の展開をつうじて「良識ある公民として必要な政治的教養」(教育基本法第一四条)の習得がどのように追求されているのかを問い、学習権の思想と「学習の自由、表現の自由」が学習内容編成においてどのように実現され、主権者としての学びを育んできたかについて考察する。公民館実践の展開過程をふりかえり、現代的課題に関する学習から広がる国際的な地平をみつめる。

第7章　デモクラシーを育む

1　民主主義と社会教育

デモクラシーを育む学び

多くの公民館は住民の生活圏である学区に立地し、住民の参加と相互の関係性を深める共同的な学習の場となっている。現実生活レベルに凝集された社会的な課題を解決する集団的な力量の形成という共同社会における学習は、デモクラシーを育む学びとして本質的な意義をもつ。

ジョン・デューイは、「結局のところ、社会の生命はその存続のために教えたり学んだりすることを必要とするばかりでなく、共に生活するという過程そのものが教育を行なうのである」と、共同体の存続と表裏をなす共生的な教育過程を意義づけている。(1) 戦後日本の改革期に新教育の思想的影響を受けつつ広がり、定着をみた公民館は、デューイが民主主義教育の本質としてとらえた共同体の生活過程が織りなす相互の学び合いそのものを体現しているといえるであろう。

デューイの教育思想を研究し、戦後日本の社会教育の実践的展開を構想した宮原誠一は、「社会教育の発達をささえる大きな二つの条件は、やはりデモクラシーとテクノロジーである」と述べ、

(1)政治上の民主主義、(2)社会上の民主主義、(3)生活方法としての民主主義のそれぞれについて社会教育との密接な関連性を説いた(2)。

「政治的民主主義の進歩は、人民の知見の進歩にかかって」おり、社会上の民主主義は「平等」すなわち「人びとの全生涯における教養習得の機会の均等」「各種の教養機関が公共的にととのえられなければならない」ことをめざしている。そして生活方法としての民主主義は、「自分にかかわりのあることがらの決定には自分が参加する生活方法」であり、「そのためには人びとは各自が当面するさまざまの問題を、自主的に判断するための研究と思考の労をとらねばならない」。そのうえで、戦後改革期は学校教育にとどまらず、「全成人の全面的学習」が求められる世界史的時代であり、「社会教育はあらゆる階層のすべての人びとの、全面的な学習活動に関する概念」となっているとして「教育の社会計画」を構想したのである。

ここでは、学校教育と社会教育を一体化して再解釈し、「社会の教育的必要を綜合的、系統的に計画化する」ために「最重要な問題領域」として以下の一〇のスコープ(範疇)が提案されている。

① 一般教養(人文科学、社会科学、自然科学および芸術についての知識と理解)
② 現職教育(農林水産業関係の再教育をふくむ)
③ 労働教育
④ 市民教育(時局問題についての討論会および公共的生活作法の訓練)
⑤ 生活指導(勉学相談、職業相談、進学相談)

⑥　青年運動（青年団体、農業青年の生活改善をめざす4Hクラブ）
⑦　スポーツ（旅行、登山などをふくむ）
⑧　レクリエーション指導（映画、演劇、音楽、美術などの鑑賞および自演、創作のほか、ダンス、ゲームなどをふくむ）
⑨　生活の科学化と美化（消費者教育、両親教育、健康教育、純潔教育をふくむ）
⑩　国際理解（平和教育）

宮原の提起する「社会の教育的必要」にもとづく学習内容のスコープは、戦後初期に文部省に在職していた当時の調査が裏づけとなっている。文部省社会教育局社会教育課編『成人教育の方法』（一九五一年）では、ドイツのP・ナトルプ、アメリカのJ・デューイ、E・ソーンダイクなどをひきながら、成人の学習の必要性と学習過程に即してグループ運営やディスカッションの方法を説き、デモクラシーを育む学びとは「人間性の解放」にむけた批判的・科学的精神を一人ひとりが自立的に身につけていくことであるととらえている。(3)

デモクラシーを育む学びは、戦後初期の公民館活動によって広げられたが、一九五〇年代初頭の朝鮮戦争の勃発、レッドパージ、サンフランシスコ条約締結など逆コースといわれる政治状況の影響のもとで、現実政治に対する批判的な学習としての政治教育を抑制し、国民道徳的な規範を強調した「市民教育」へと転換されていく。(4)他方では、戦後直後に文部省が推進した公民啓発事業の啓蒙性を批判的に乗り越えて、より主体的な平和・人権学習や地域の民主化にむけた課題解決学習が模索されている。デモクラシーを育む学びは、基本的人権と同様、「人類の多年にわたる自由獲得の努力」(憲法第九七条)によって実践的に探求されていくのである。

学習内容・方法の探求

「実際生活に即する教育、学術及び文化に関する各種の事業」(社会教育法第二〇条)は公民館の運営方針、学習内容編成の基本原理とみなされるが、時代状況を反映して、その内容・方法は歴史的に変化してきた。学習内容・方法という視点からふりかえると、以下の五つの段階を経てきたといえるであろう。

第一段階(一九四〇年代後半)には、民主主義の啓発としての憲法講座、ナトコ映画によるアメリカ民主主義の啓蒙的普及、グループ・ワークによる話し合い、産業復興のための技術普及など、民主主義の啓蒙・普及が奨励された。

第二段階(一九五〇年代)には、青年学級、婦人学級など、青年団や婦人会を主な担い手とする学習が文部省の政策によって推進される。五三年に青年学級振興法が制定され、高等学校に進学しない勤労青年たちへの代替的な機能も果たした。しかし、学級形態の社会教育は戦後の啓蒙的社会教育を脱しきれていなかった。地域の民主化の担い手となった青年団では、五〇年代に自主的な生活記録による話し合い学習が生み出され、五五年には日本青年団協議会が「共同学習をすすめるために」を方針として策定して、サークルによる共同学習運動を全国的に展開する。ここでは「共同学習とは、集団(共同体)がかならずはなしあいや実践をとおして、みんなのちからで自主的に学習をおしすすめるかたちをいう……おなじ問題をもった青年がむきあって、青年自身の力でおたがいに共同しながら自分たちのなやみや問題を解決しようとする」学びであるとされた。(5)

共同学習は、戦後アメリカ的民主主義によって啓蒙的に普及されたグループ・ワークとは異なり、山形県の教師、無着成恭の実践記録『山びこ学校――山形県山元村中学校生徒の生活記録』(一九五一年)に代表される生活綴り方運動の影響を受け、書くこと、生活を記録することによってありのままの生活現実をとらえ、それをもとに話し合う、解決方法を探るという日本独自の実践方法である。生活記録運動は、青年・婦人団体、労働組合や文化運動団体・サークルなどの民間団体の自主的な学習運動として広がりをみた。共同学習に対して後に「這い回る経験主義」との批判がなされ、より系統的な学習に関心が寄せられるようになるが、他方で、地域での戦争体験の記録化、自分史学習などの新しい視点で「書く」「記録する」ことと「対話」的学びの方法を生み出しながら、学校的ではない生活の場における学習方法として現在に受け継がれている。(6)

第三段階(一九六〇年代〜八〇年代)には、地域開発や公害問題の発生による住民運動の広がりを受けて、公民館でも地域課題にむきあう講座やセミナーが多く開設されるようになった。専門的な講義や科学的な調査分析、地域の実態調査もおこなわれている。学習から問題解決へ、市民運動が広がるケースも少なくなかった。講座から自主グループへという学習支援、学級講座の企画を住民公募委員の参加によっておこなう企画委員会方式、住民がプログラムを提案して公民館の企画として具体化する申請方式など、住民の学習要求を反映させながら講座・学級の学習内容を自主的に編成

することも広くおこなわれ、住民主体という考え方が尊重されるようになった。(7)

学習内容として社会問題への関心が掘り下げられ、暮らしのなかで人権を問う憲法学習が広がりをみた。具体的に、被差別部落の実態を知り差別をなくすための同和教育・人権学習、男女平等論から女性の生き方をみつめる女性史学習と公民館保育室の実践、さらに国際的視野で平和を考える平和講座、地域の歴史から戦争の惨禍を語り合う戦争体験学習・歴史講座、農村生活を食と健康から考える健康学習、学校の実態・子どもの育ちに危機感をもつ親たちの教育問題講座など多彩である。社会的諸課題の批判的な学び、地域での問題解決へと発展する講座やセミナーが企画されている。障害者青年学級から交流の場づくり・自立支援を共に考える公民館喫茶、在住外国人との多文化共生を志向する日本語教室など、社会的弱者の社会参加を尊重しながら権利としての社会教育を実践的に模索する動きも、特に都市部に新設された公民館で住民の相互の関係性を育みながら展開された。(8)

第四段階(一九九〇年代~二〇〇〇年代)には、学校五日制導入を受けて、地域で子どもたちの遊びや体験活動を支援する学校外教育や学社連携への関心が高まった。不登校やいじめ問題を学校と地域で共に考える地域教育懇談会や学校支援ボランティア活動、「総合的な学習の時間」の一環としての地域学習・職場体験学習、九八年のNPO法制定に伴いボランティア団体などが主体となる居場所づくり、冒険遊び場、自然体験学習など取り組み方も多様になった。多くの場合、公民館と学校、児童館や青少年団体が連携したネットワーク事業となっており、公民館の自主グループからボランティア活動やNPOへと自立的な活動が生まれるケースも増大している。(9)

第五段階(二〇〇〇年代以降)には、少子高齢化、東日本大震災などを転機としながら、地域再生・まちづくり・地域文化振興のビジョンにむけた公民館活動の発展、地域を越えた連携・交流事業や国際交流、教育と福祉の総合的視点から高齢者福祉や社会の貧困化に対応する住民組織との協働事業の展開など、より長期的な視野で地域の自立性や持続可能性を模索する取り組みが広がっている。

生涯学習体系への移行と公共施設再編が進む一方で、自治・協働のまちづくりのなかで住民の学習を個々の地域課題の学習というよりは、総合的な地域づくりをみすえた地域学習・環境学習、若者自立支援、ボランティア活動、外国人への日本語支援と多文化交流など、担い手の養成や拠点づくりも含めた協働事業が重要視されつつある。社会教育研究の領域では、従来から「社会教育と福祉」を統一的にとらえる教育福祉論が提唱されてきたが、近年、高齢者福祉や不登校問題・若者自立支援などを視野に入れた教育福祉的なアプローチがいっそう注目されつつある。[10]

以上のような段階を経て、公民館、社会教育における学習内容の編成は、①社会問題化している主題を系統的・科学的に学ぶ講座やセミナー、②暮らしのなかで生活上の悩みや課題を共有し、実態をふまえながら解決方法を模索する課題解決的な学習・フィールドワーク、③孤立している人々や異文化状況にむきあい連帯・交流を築く関係性構築の学び、④子どもから大人まで、共に自然や文化を体験し、生き甲斐や自己実現を支える芸術文化・生活文化的な学びなど、内容の体系性と地域主義的方法による学習内容・方法が構造的にとらえられ、深められてきた。

学校・高等教育機関、放送大学、職業学校・通信教育、民間カルチャーセンターなどの学校的生涯学習の形態は、個々人の受講目的に応じた教育課程(履修期間、修了資格などの規定もある)をもつが、公民館を拠点とする学習活動は異なる独自性をもつ。すなわち、個々の地域住民から自主的な団体・グループへと共同化することを促し、地域諸団体が連携し、職員と住民の協働によって創造的、循環的に共有されていく学びであり、個々人の関心の殻を打ち破り、地域を創ることへの参加を通じて関わり合って共に生きる関係を築いていく相互的、継続的な学習過程であるといえる。

2　学習内容編成と公共性の視点

●国民の学習権論と「社会教育の自由」

社会教育の内容をめぐって、一九六〇年代〜八〇年代(第三段階)に権利としての社会教育、住民の学習権保障が主張されて行政と住民の間に対立が生まれ、職員の不当配転問題が頻発した。特に政治学習や地域課題解決学習の内容では、学習の自由や社会教育の政治的中立性が課題となった。さらに生涯学習体系への移行のもとで、個々人の学習ニーズの充足という学習の私事化の傾向が高まり、社会教育の権利性、公共性をどうとらえるのか、公的な社会教育機関としての公民館の存在意義も問われている。

小川利夫は学習権論にもとづき、公教育制度における「社会教育の自由」について論じている。社会教育政策・行政・活動は歴史的に「『国民の自己教育』運動との外在的・内在的矛盾関係をはなれてはありえない」と全体構造を規定したうえで、社会教育法三条に即して「社会教育の自由」

の保障に関わる三つの原理を読み取っている。(11)

①社会教育は、「国民の学習権を保障するものでなくてはならない」。国民の学習権は、とりわけ「探究の自由」「真実への権利」にもとづく「『全国民のその生涯にわたっての自己教育への権利』として、国民の教育権の第一義的な前提をなすもの」であり、社会教育法第三条は国民の学習権を保障する条文である。

②社会教育は、「学問の自由を尊重し、実際生活に即し」て行われなければならない。国民の学ぶ自由を保障するうえで、学問の自由と教育の自由を関連づけてとらえることは、「権利としての『社会教育』の実現にとって重要な第二の原則となる」。

③社会教育は、「国民『自ら』が、『自発的精神を養い、自他の敬愛と協力』(旧教育基本法第二条)の態度を身につけうるように『国及び地方公共団体によって奨励されなければならない』」。

小川は、国民の自主的な自己教育運動の広がりを前提としたうえで、公的に保障される狭義の社会教育の分野について、教育行政の「一般的『奨励』責務」がもっとも重要であるとし、教育基本法・社会教育法を、学習権の視点から解釈することを提起した。「社会教育の自由」を学問の自由と関連づけ、九条俳句訴訟で争点となる「社会教育の自由」について、すでに一九七〇年代に基本的な認識を示していたといえるであろう。

●生涯学習政策と「現代的課題に関する学習」

市川昭午（当時国立教育研究所研究官）は著書『生涯教育の理論と構造』（一九八一年）で、「生涯学習体系への移行」の新自由主義的展開を批判的に検討し、ユネスコ、ＯＥＣＤ、イギリスやスウェーデンなどの国際動向もふまえて、「生涯学習体系への移行」のもとでの公共性・社会的必要性をもつ学習機会、学習内容について論じている。[12]

市川は、国際的に共通する「ノンフォーマル教育」という概念を用いて生涯教育の行財政論を検討し、「だれでも、いつでも、どこでも」という自由な生涯学習論、学習意欲のある人の「個人的欲求の充足」では社会的緊急性は薄く、「公共政策のプライオリティは低い」ととらえる。学習の機会を保障しても「そこで何を学習するかは……学習者個々人の好みの問題であり、全面的にその選択に委ねられるべきもの」と考えるのでは、生涯学習の必要性はあいまいとなる。そこで市川は以下の三つの学習内容の柱を示し、学習内容の社会的必要性の認識が不可欠であると指摘する。

①「われわれが当面しつつある社会的な諸問題、なかでも全世界的な諸問題を解決するのに入用とされる学習」。

②「未知の将来に対処しうる先見的学習（anticipatory learning）」。

③「複雑なグローバル・イッシュウを的確に理解し、不確定な未来を適切に洞察する能力、……共通目的達成のために協力しあえる能力、……自分で自主的に学習を続けられる能力」、「参加型の学習（participatory learning）」。

市川は、「少なくとも公共施設として提供される生涯学習機会は、現在われわれが直面しつつあり、また将来も引き続き対決を余儀なくされるであろう幾多の難問題を乗り切ってゆける能力を、できるだけ多くの人々に具備させることを最優先すべきものと考えられる。それは個人の趣味の問題であるよりも前に社会的な存続の要件であり、地球上のすべての人々の人間的尊厳を維持しながら人類が生きながらえていくための条件なのである」と述べている。

市川の生涯教育政策論は、一九七三年のOECD教育研究革新センターのリカレント教育の提言、一九七六年の「成人教育の発展に関する勧告」(ユネスコ総会採択)、自ら訳出したローマ・クラブ第六レポート『限界なき学習』[13]など、生涯学習の国際的動向をふまえた提言といえる。「生涯学習体系への移行」をめぐっては、個人の発達課題や個々の自己実現にむけた多様な学習ニーズが強調されているが、市川は、現代的課題、世界的問題群(ワールド・プロブレマティーク)に関する学習機会と学習内容に注目して生涯学習政策の公共性を主張し、教育行政の新たな役割を提起して国の生涯学習推進政策に対しても影響を与えた。

生涯学習審議会答申「今後の社会の動向に対応した生涯学習の振興方策について」(一九九二年)では、第三委員会の主題として「時代の要請に即応した現代的課題に関する学習機会の充実について」が設定され、市川も調査研究協力者となっている。答申では「社会の急激な変化に対応し、人間性豊かな生活を営むために、人々が学習する必要のある課題」として「生命、健康、人権、豊かな人間性、家庭・家族、消費者問題、地域の連帯、まちづくり、交通問題、高齢化社会、男女共同参画型社会、科学技術、情報の活用、知的所有権、国際理解、国際貢献・開発援助、人口・食糧、環境、資源・エネルギー等」の現代的諸課題があげられている。グローカルな視野を求められる諸課題について「課題解決に取り組む主体的な態度」を養うこと、そのために青少年期から「現代的課題に関する興味・関心を養う学習や活動の機会の充実が望まれる」として、公共性をもつ生涯学習機会の充実を提言している。

小川の学習権保障にもとづく教育行政の「奨励責務」、市川の社会的必要にねざす「現代的課題に関する学習」の提起は、いずれも社会教育の権利性と公共性をめぐる重要な視点である。学習内容編成の「最重要領域」として、憲法・平和・人権学習、地域課題学習などをつうじて、「実際生活に即する」社会への参加能力や問題解決能力を高める学習の展開が注目される。

第8章　憲法・平和・人権学習の展開

1　人権・平和学習の模索

一九五〇年代の胎動

戦後初期に、民主主義についての啓発は公民館の重点事業とされた。しかし、憲法についての知識、民主主義とは何かといった「良識ある公民たるに必要な政治的教養」(教育基本法第一四条)が奨励されたのは、憲法・教育基本法制定期の数年間であり、五〇年代初頭には「政治教育」という用語も「市民性の涵養」に置き換えられている。六五年に刊行された「わが国の社会教育」では、六〇年に同和対策審議会設置とともに国の補助事業となった同和教育を除くと、公民館、各種学級では身辺的な生活改善を中心に学習が展開される状況となっている(14)。

他方で朝鮮戦争、日米安保条約締結を機に青年団や地域婦人会の連合組織、労働組合運動などで平和問題への関心は大きな高まりをみせていた。一九五一年に日教組は「教え子を再び戦場に送るな」を決議し、同年に第一回全国教育研究大会を開催する。

宮原誠一は、日教組教育研究全国集会に設置された平和に関する分科会で討議を重ね、人権の確立、社会改造、民族の独立をめぐる教育実践の課題を提起している。(15) ここでは、引き続き米軍統治下におかれた沖縄や国内の基地問題、日本の再軍備が主題となるとともに、被差別部落や在日朝鮮人問題など、民族的な差別、マイノリティ問題も位置づけられている。「民主主義」の啓発という戦後初期の政治教育から、平和と民族の独立、差別・人権問題など、恒久平和を希求し、人権を尊重する真の憲法的精神の覚醒へと、教育運動をつうじて国民の学習関心が深められ、模索されつつあった。

戦後から六〇年代初頭にかけて平和学習、人権学習は自己教育運動の基本的な主題として根づいていくが、公的な社会教育の場で平和学習と人権学習が統合的にとらえられるようになるのは、八〇年代以降である。そこには人権教育の理念形成をめぐる試行錯誤があった。

●包括的な人権問題への視野

「権利としての社会教育」の思想は、枚方市教育委員会が一九六三年にまとめた「社会教育をすべての市民に」(枚方テーゼ)などをつうじて社会教育の現場に発信されていた。しかし、権利としての社会教育にむけた市民運動と、人権を侵害されている人々がみずから人間の尊厳を取り戻す学習実践の間には、乗り越えなければならない乖離が存在した。個々の人権侵害から人権擁護の要求運動が生まれても、それらは問題領域ごとに閉ざされる状況があったからである。

一九五〇年代末から京都府などを中心に、被差別部落の差別克服をめざし近畿各府県教育委員会の共催で第一回全国同和教育研究大会が開かれたことを機に、五九年に同和対策要綱が閣議了承され、国費補助による同和対策事業が開始された。六五年には同和対策審議会答申が出され、同和対策事業特別措置法(六九年制定、二〇〇二年終結)が制定される。社会同和教育は識字学級などを中心事業として広がり、兵庫県西宮市芦原地区の芦原同和教育講座、大阪府富田林市の「全市民を解放する社会教育」などの先進事例が生まれた。「社会同和教育は、公的社会教育の中に確乎たる地位を築く」ことになり、「関西においては、部落解放運動は、地域民主主義運動とともに、社会教育を考えなおし組織しなおす出発点としての役割を果たしてきた」と評価されている。(16)

その一方で「現実には、人権をめぐる多くの問題が存在するばかりでなく、こうした教育の人権に対する積極的関与をもとにした包括的な人権教育が形成され推進されてきたとは言い難い」状況が続いていた。七〇年代に「忘れられた人びと」の問題への取り組みは始まっていたが、全国レベルで公害問題、障害者問題、民族問題、労働問題などを包括的に人権教育の視野にすえることは、社会教育の実践レベルではまだ模索状況にあった。(17)

他方、平和学習についても、五〇年代から六〇年代に社会運動の一環として平和学習が取り組まれてきたが、ベトナム戦争が終結する七三年以後は、平和運動の沈静化とともに「平和学習は停滞した」とされる。そして一九七八年の第一回国連軍縮会議特別総会を機に、八〇年代に新たな平和運動が広がり始めるが、平和学習の政治的中立性をめぐって「公民館等の社会教育施設では、平和学習への圧力と職員の自己規制が、平和学習拡大をはばむ作用を及ぼしている」という困難な状況も指摘されている。(18)

六〇年代後半から七〇年代は、権利としての社会教育の思想にもとづく住民主体の公民館づくり運動の発展期であったが、人権・平和学習の展開という視点からみると、同和教育を除くと、むしろ困難に阻まれていた段階であったといえる。八〇年代に入ると国際的な平和・人権問題をめぐる新たな段階を反映して、ようやく人権・平和問題を学習課題にすえる動きが活発化する。

2　人権教育・平和学習の国際的潮流と実践

●国際的合意と日本の課題

国際紛争解決をめざし、国際的な合意をはかる努力が七〇年代〜九〇年代にユネスコ、国連のレベルで取り組まれてきた。七八年以降、国連軍縮問題に関する特別総会が三回開催され、核軍縮の問題を中心に国際世論が高まり、二〇一七年には一二〇カ国以上の賛成により、核兵器禁止条約の採択にいたっている。

こうした国連を中心とする平和と安全をめぐる合意形成のもとで、人権・平和をすべての国の教育の包括的な目標にすえるためのユネスコの勧告や決議も積み重ねられてきた(19)。七四年の第一八回ユネスコ総会では、「国際理解、国際協力及び国際平和のための教育並びに人権及び基本的自由についての教育に関する勧告」が採択されている。この文書では、人類の重要な問題を教育課題として取り扱う必要があると提言され、①諸民族の権利の平等と民族自決権、②平和の維持、諸種の様式の戦争とその原因及び結果、軍備縮小、③難民の権利を含む人権の行使と遵守を確保する措置、人種差別の根絶等の課題をあげている。

一九八〇年のユネスコ主催「軍縮教育世界会議」の最終文書では、「平和、人権、開発の三つの言葉のそれぞれは、他の二つの言葉との関連で定義されなければならず、平和教育に不可欠の一部としての軍縮教育は人権教育および開発教育と不可分な関係をもっている」と三つのカテゴリーを関連づける「軍縮教育」のあり方を示している。(20) 国際政治における軍縮、紛争解決への協力行動にとどまらずに、各国の教育において平和、人権、開発の三つの柱を一体的に位置づけ、グローバル化の進展のなかで、子どもから成人まで国際理解を深める教育を普及することが提案された。

一九九五年にスタートした「人権教育のための国連一〇年」(九五〜二〇〇四年)行動計画では、「人権教育は、政治的、経済的、社会的及び文化的な分野での一層効果的な民主的参加を目指すこと」とし、すべての年齢層、すべての社会構成集団にむけて人権教育のプログラムが展開されるよう提言した。七九年に「女子に対するあらゆる形態の差別撤廃条約」、八九年には「児童の権利に関する条約」が締結され、八三年から「国連障害者の十年」が始まっている。人権侵害を受けている人々、民族、集団等の個別の課題が提起されつつ、「人権教育のための国連一〇年」がスタートした。

こうした一連の国際動向のもとで、日本でも九七年に「人権擁護施策推進法」施行、「人権教育のための国連一〇年」に関する国内行動計画策定にいたる。国内行動計画では、学校、社会教育、企業、特定の職業に従事する人々への人権教育をおこなうとともに、個別に重要課題に対応するとして、女性、子ども、高齢者、障害者、同和問題、アイヌの人々、外国人、ＨＩＶ感染者、刑を終えて出所した人等をあげている。

社会教育における「人権に関する学習」は、前述の九二年の中央教育審議会答申の「現代的課題に関する学習」に位置づけられていた。しかし、そこでは学習権思想と一体性をもつ政策理念は打ち出されておらず、ユネスコ等の国際的合意とは乖離しながら人権に関する学習機会を充実させるという方向づけにとどまっている。

八〇年代に入って、社会教育の現場では「社会的弱者と社会教育」への関心から、人権問題が現代的課題として共有されるようになった[21]。ここでは、ユネスコ学習権宣言を受けとめ、人権教育・平和学習の国際動向と日本の課題を重ね合わせながら、社会同和教育の歴史的展開に加えて、在日外国人の学習権保障、「アジアからの花嫁」、女性、高齢者、企業内労働者などの人権をめぐる実態をふまえた実践が模索され始めている。人権と平和の視点から社会教育の理論的考察が深められ、ユネスコや国連の決議、行動計画の理念を政策化し、子ども・青年・女性・高齢者・障害者・在住外国人などに即して実践的に展開していく道筋が示されている[22]。

二一世紀の人権教育・平和学習の課題を提起した文書として、国連「平和の文化に関する宣言」「平和の文化に関する行動計画」(九九年九月、国連総会採択)が注目される。

「平和の文化に関する宣言」では、「平和は単に争いがないということではなく、対話が励まされて争いが相互理解と協力の精神で解決される、積極的で力強い参加の過程を含むものである」ととらえ、「あらゆる形態の差別や不寛容」をなくす必要性、そのための教育や対話、人権と基本的自由の尊重、発展の権利、文化的多様性の尊重などを提唱した。この観点から、人類の共存と持続可能性という根源的な課題をみすえた「人権教育」の重要性が強調されている。

しかし、日本国内では必ずしも多くの自治体で、人権教育・平和学習が基本目標にすえられ、広がりをみている状況ではなかった。藤田秀雄は、足元の現実的な人権侵害に向き合い、国際的視野をもち、人権、平和、開発という課題を一体的に学習課題にすえる息の長い社会教育実践として、川崎市市民館、埼玉県富士見市公民館、町田市公民館などの創意的な取り組みに注目している。他方で、社会教育法第二三条の誤った解釈によって、平和運動団体等に公民館を貸さないなどの動きが起きていることも指摘している。(23)

●市民が創り出す川崎市の平和・人権学習

大工業都市川崎市は、人権教育と平和学習が統一的、継続的に実施されてきたという点で先進的である。市内には戦前から強制連行された在日韓国・朝鮮人約一万人が集住しており、その後中国、ブラジル、フィリピンなどからのニューカマーの移住も急増し、差別と偏見にさらされていた。八〇年代に入って、中学校夜間学級をひきついで、「川崎の夜間中学を創る会」の運動によって「夜間中学」が開設され、多文化共生、人権尊重の思想による社会教育活動が本格化する。(24)

平和都市宣言の制定への市民運動を背景に、八二年に「川崎市核兵器廃絶平和都市宣言」が採択された。八三年度には幸《さいわい》市民館で平和問題をテーマに市民大学講座が開設される。八五年度には、平和教育学級二館、人権尊重学級一館が開設され、八六年度からは全市七館が「平和」か「人権」のどちらかを選択して実施することになる。九二年度からは平和・人権尊重学級として統合されて、全七館それぞれに一学級開設され、現在に至っている。同年には平和資料の学習・交流拠点として

「川崎平和館」も開館した。

平和教育学級の特徴は、公募による市民企画委員会方式による学習内容編成がおこなわれていることである。「広く市民に呼びかけて事業企画への市民参加を得……さまざまな考えの市民の声を企画に反映させることで学習の公平性と拡がりを保つ」ことがねらいとされている。この時期の平和教育学級の主なテーマは次頁の表8－1のとおりである。市民参加のもとで、多様な視点から戦争・平和・人権の歴史的現代的諸課題がとりあげられるとともに、川崎市の足元の戦争遺跡、戦争体験もとりあげられている。

平和教育学級は、「年代を追うごとに戦争や核の問題から国際社会や日本の動きに課題が広がり、……足元の生活を通して日本社会や国際社会を考え、学習に取り組んでいる姿がみられる。このような学習の深化とともに、冷戦構造の崩壊、地域の国際化や人権状況の深刻化など現実の問題が複雑さを増し、平和教育学級でも人権尊重学級でも人権問題と平和問題を不可分の問題として取り上げるようになった」と視野の深まりが記されている。(25)

ともすれば平和・人権問題など「現代的課題」は、趣味教養、生活課題と比べて堅苦しく敷居が高い、受講生を集めることが難しいという理由で敬遠される。川崎市では市民参加方式の学習内容編成をつうじて、自分たちの生活と一人ひとりの人権尊重の課題を結びつけて戦争と平和の問題を科学的、体験継承的に、地域調査や地域資料をつうじて学ぶ活動が継続されてきた。「委員一人ひとりが、企画委員会を通して自ら平和を学んだ」ことに大きな意義があったと、当時の社会教育主事、伊藤長和は述べている。(26)

表8-1　川崎市・平和教育学級でとりあげられた学習課題
（1992年度からは平和・人権尊重学級）

年度	テ　ー　マ
1986	戦争体験を語り合う，核戦略と地球の将来，平和的生存権と憲法，県内の軍事施設，戦争の歴史
1987	戦争がもたらしたもの，旧陸軍登戸研究所の実態，市民の平和運動，核の問題
1988	地域の戦争の爪痕，平和へのメカニズム，食糧・農業問題と平和，学童疎開，言論の自由，作られる世論，教科書に見る平和
1989	平和のためのアクション，子どもの人権，過労死，アジア出稼ぎ女性の実態，ODA問題
1990	暮らしと環境問題，日本の援助と国際情勢，インドシナ紛争と定住難民，新しい世界の動き，日本語ボランティア
1991	湾岸戦争と国際紛争，PKOとは，ソ連・東欧の変革，アジアからみた日本
1992	日本人と戦争責任，環境破壊，憲法と基本的人権，模擬裁判―従軍慰安婦問題，プルトニウムの危険性，部落差別・民族差別と基本的人権，世界の民族紛争
1993	私たちのなかの人権感覚，国際貢献とは，国連とは，知る権利，外国人労働者と日本，コメ・農業，アジアのなかの日本とは，生きる権利を考える

出所）『川崎市社会教育五十年史』（川崎市教育委員会，1998年）p. 166, 173.

八六年には川崎市「在日外国人教育基本方針」が策定され、学校教育、社会教育の現場で人権尊重の教育が本格化する。この方針では「差別を排除し、人権尊重の精神を貫くことは、人間が人間として生きるための不可欠な事柄であるとともに、民主主義社会を支える基本原理である」と明記された。その精神で在日外国人教育を積極的に進めるだけではなく、すべての市民に対して、「差別や偏見を取り除くための啓発活動」「在日外国人問題についての理解を深める学習活動」をおこない、「日本人と在日外国人が、共に手をたずさえて地域社会の創造をめざす活動」を推進するという人権教育のあり方が示された。

川崎市における平和・人権学習には、戦争と抑圧の歴史、市民の戦争体験、地域史としての戦争、在住外国人への差別を超えて、ようやく市民がみずから共生・参画をめざすにいたった長い試行錯誤の歩みが凝縮されている。

●広島――国際平和文化都市のアイデンティティと公民館

広島市は人類最初の原爆被爆地として、市をあげて二度とこの悲劇を繰り返してはならないという願いをこめて、核兵器廃絶と世界恒久平和を国際社会に訴え続けてきた。当時約三五万人の広島市人口のうち約一四万人が死亡、生存して後遺症で苦しみ続けてきた被爆者はその倍にも達するとされ、強制連行されてきた二〜三万人の韓国・朝鮮人被爆者、原爆投下後に市外・他県から入市した関係者、軍関係者、医療従事者も含まれる。被爆二周年(一九四七年)八月六日の第一回広島平和祭では浜井信三市長が第一回「平和宣言」を発し、「この地上より戦争の恐怖と罪悪とを抹殺して真実の平和を確立しよう。永遠に戦争を放棄して世界平和の理想を地上に建設しよう」と訴えた。[27]

広島市は国際平和文化都市をめざし、被爆当事者の医療・健康・福祉を守る運動、被爆資料の保存と平和活動のための広島平和記念資料館(一九五五年開館)と平和記念公園の建設、平和問題を総括する市の部局として広島平和文化センターの発足(六七年、のち財団化)を進めてきた。平和記念資料館のよびかけで「被爆体験証言者交流の集い」に参加している一八団体や、平和活動に取り組む約一六〇の市民団体も連携している。さらに学校や公民館活動、全国に居住する被爆者や被爆二世の諸組織との連携、長崎との交流、ユネスコ・国連その他の国際会議との連携、世界平和連帯都市市長会議(平和首長会議、八二年発足)の推進、原爆ドームの世界遺産登録(九六年)にむけた市民運動、第二回国連軍縮特別総会(八二年)を起点とする核廃絶のアピールなど、広島が発信し続けている行政と市民の行動のすべてが、平和学習の理念と実践的展開を促している。

広島平和記念資料館の入館者は二〇一六年度で年間一七四万人、そのうち三六万人以上の外国人、三二万人以上の修学旅行生が含まれる。この数年で外国人が倍増し、英語でのガイド、被爆証言の英語通訳など、被爆の実相を伝えることが、国際平和への重要な貢献となっている。修学旅行生が増加し始めた一九七八年から、修学旅行生対象の講習として映画『ヒロシマ』の上映と被爆者の体験講話が開始された。体験講話はそれぞれの被爆者団体でも実施されており、被爆者団体と平和記念資料館の重要な協働事業である。近年では被爆体験者の高齢化が進み、体験を継承して語り続ける人材養成として、被爆体験伝承者養成事業も実施されている。国内各地、世界にも巡回される原爆展、平和美術展、写真展、平和書道展、修学旅行生の作品展、平和映画上映会、原爆関係図書・資料収集と冊子・写真集の刊行など、平和記念資料館・平和文化センターの事業は通常の博物館的機能を超えて、市民との協働事業、子ども・若者世代への継承、国内・国際的な発信へと広がりをみている。(28)

このように平和の担い手として、市民一人ひとりがさまざまな場面で平和学習、ボランティア活動に関わっていることを基盤として、社会教育・公民館の事業としての平和学習も地道に継続されてきた。広島市中央公民館は一九四九年に開設されたが、その後六〇年代以降に地区公民館が建設

公民館活動の一環としての原爆慰霊碑ガイドボランティア．提供＝広島市竹屋公民館．

される。一九八五年の長期総合計画で中学校区に一館の設置が進められ、現在合併地域も含めて七一館の公民館体制となり、九六年には財団法人広島市ひと・まちネットワーク（二〇一四年、公益法人広島市文化財団ひと・まちネットワーク部に移行）に管理が委託されることになった。

公民館の平和学習への取り組みは、一九六七年の平和文化センター設置、一九七八年の広島市新基本計画策定を機に本格化する。新基本計画では、「平和都市をこの地に建設し、世界恒久平和を実現するための礎を築く」というビジョンをかかげ、教育行政も「平和教育の進展を図るとともに、国際平和文化都市にふさわしい教育を創造し推進する」という重点目標をあげている。

公民館においても、「すべての事業の根底に『平和教育の考え方』が位置づけられ」、高齢者学級や家庭教育学級、子どものための講座のなかで「被爆体験の継承(語り部による講話)、国際理解、郷土の認識、平和文化問題」などをとりあげるようになった[29]。一九七〇年代末から八〇年代にかけて約二〇の公民館で、住民の被爆体験記を募集し、三〇冊の体験記が刊行されている。被爆から三〇年以上を経て、高齢の被爆者が「あの日のこと」を語り継いでおきたいと、重い口を開くようになった。被爆者の人権という面からみれば、被爆したことを語れば差別されるという状況のなかで、多くの被爆者が口を閉ざしてきたという複雑な事情がある。

八月六日の慰霊祭が地域の学校などで毎年おこなわれ、七~八月に公民館でも平和をテーマとする多くの企画が実施されている[30]。平和問題の座談会、被爆資料展、映画上映会などで平和記念資料館の資料貸し出しがおこなわれ、地域で市民が自主グループとして朗読、紙芝居、原爆慰霊碑ガイドボランティア活動(前頁の写真)に取り組むなど、平和をめぐる行政・公民館・市民の協働が根づいている。八三年に広島市で開催された中国・四国地区公民館研究集会では、広島市公民館連合会の提案で「平和教育」の分科会が初めて設置された。中国・四国地方でも同和教育は定着していたが、平和学習は政治的として敬遠される傾向があった。この集会で「被爆体験の継承をはじめ、人間を大切にする広い意味での平和教育を各地の公民館で進める」ことが確認された[31]。

広島市公民館の学習事業は、(1)地域社会の教育力の向上支援、(2)社会の要請に対応した学習支援、(3)学習成果の活用・まちづくり活動等の支援の、三つの柱で実施されている。(2)の柱には、(ア)男女共同参画社会形成のための事業、(イ)少子・高齢社会に対応した事業、(ウ)平和教育、(エ)国際理解・国際交流、(オ)環境問題解決のための事業、(カ)高度情報化社会に対応した事業、

（キ）安全・安心の確保のための事業、（ク）その他の課題解決がとりあげられている。「社会の要請に対応した学習」として、すべての公民館で年に一事業は平和に関する事業を実施することが原則となっている。二〇一七年度には各公民館で一〇〇を超える平和関連学習の企画が実施された。表8－2は二〇一八年度八月四日～五日の、市内公民館・少年自然の家の企画一覧である。

広島市の平和学習は、被爆体験の継承を基軸としているが、それを起点にさまざまな交流と文化創造・表現活動の広がりをみている。爆心地の慰霊碑や資料館の案内ボランティアをおこなっている市民活動グループは、全国、世界から訪れる人々との交流を広げ、子どもたちは詩の朗読、平和音楽の演奏、絵本の劇などの表現活動に参加して、心を通わせるような経験をもつ。人類的な苦悩の体験を継承することが、未来への共通の願いを育み、互いの違いを超えて連帯する共感関係を根づかせていく。

一九九四年に広島で開催されたアジア競技大会では、公民館ごとに一館・一国の応援事業をおこない、各館では引き受けるアジアの国々のそれぞれについて事前学習をおこない、大会終了後も交流を続けている。公民館を拠点に、多くの市民の参加・協力を得て、国際的な交流事業が実現されているところに、広島の平和を願う市民力が示されている。

広島の平和学習は、被爆地広島だからこそ根づいてきたことはいうまでもない。市民が被爆の苦悩と差別にさらされながら生活を再建し、まちを復興させてきたその長い歩みこそ、日本国憲法の前文に記されている「日本国民は、恒久の平和を念願し、人間相互の関係を支配する崇高な理想を深く自覚する」という決意とその実践そのものであることを物語っている。

表 8-2　2018 年度広島市公民館の平和学習の企画例(8 月 4〜5 日)

事業名	内　容	場　所	主催団体
原爆慰霊碑めぐり	広島城とその周辺の原爆慰霊碑をガイドボランティアと共にめぐります.	集合：広島城表御門	中区内公民館(中央, 竹屋, 吉島, 舟入)(原爆慰霊碑ガイドボランティア「ヒロシマ」と共催)
「ひろしま平和の歌」を歌いましょう	平和記念式典で毎年歌い継がれている「ひろしま平和の歌」の歌詞を味わいながら歌う.	舟入公民館	舟入公民館
朗読会「青い空は青いままで」	フルート演奏, 原爆詩・手記の朗読, 絵本「走れ！ひばく電車」朗読劇.	宇品公民館	宇品公民館学習グループ「野の花」 宇品公民館
平和を願うロビーコンサート	「折鶴の歌」など平和を願う歌のコンサート.	三篠公民館	三篠公民館
平和講座「知られざるヒロシマの真実と原爆の実態〜あの日, 何があったのか〜」	「あの日, 何があったのか」知られざるヒロシマの真実と原爆の実態を爆心地復元映像で振り返ります.	吉島公民館	吉島公民館
平和の集い	被爆体験記・原爆詩の朗読.	段原中学校体育館	段原公民館(段原中学校, 段原中学校区ふれあい活動推進協議会と共催)
ピースコンサート	サクソフォーンの演奏と平和へのメッセージ.	観音公民館	観音公民館
平和ウォーク in 似島	原爆投下時, 似島に臨時野戦病院が設けられ約 1 万人に及ぶ被爆者が運ばれた. 似島と原爆との関わりをプレゼンと遺構巡りで学ぶ事業.	似島臨海少年自然の家	似島臨海少年自然の家
被爆樹木の下で	写真展, ライブイベント, ワークショップ等.	青少年センター	青少年センター

出所）広島市文化財団ひと・まちネットワーク部管理課提供資料より抜粋.

第9章　地域課題解決・地域づくり学習から広がる地平

1　地域課題の解決というアプローチ

●コミュニティ教育の系譜と公民館

「実際生活に即する教育、学術及び文化に関する各種の事業」(社会教育法第三条)という公民館の目的にもとづき、学習内容編成では、地域課題解決・地域づくりにむけた学びが一貫して重視されてきた。英米の成人教育においてもコミュニティ教育(community education)の系譜がある。コミュニティ教育は「コミュニティへの参加とコミュニティのニーズに根ざした教育」であり、「地域行動とも結びついてなすことによって学ぶこと」を特徴とする。教育疎外状況にあった人々に焦点をあてて一九七〇年代頃から広がりをみる。(32)

上杉孝實は、地域の現実と理想、共同精神と階級対立によって、支配的な価値規範の伝達を中心とする合意モデルと、利害関心を共有する者が団結して問題解決にあたる葛藤モデルのはざまで多様な展開をみせる英米のコミュニティ教育の系譜をとらえている。日本では伝統的に「和の精神」が強調され、「地域社会と全体社会を同心円的に把握する傾向が強く、……全体社会の動きの地域への影響の解明による社会構造改造へのアプローチは弱く、それに必要な科学の習得が課題とはなっていない」と、日本的地域課題学習の問題点も指摘している(33)。

戦後初期の公民館では、地域課題・生活課題の学習は日常的に取り組まれていた。台所の近代化、保健衛生、栄養や健康と食、農業技術の向上などの問題が、保健婦や生活改良普及員などの支援のもとに、公民館の講座や話し合い学習のテーマとなった。女性の自立的な地域活動が広がり、封建的生活慣習の改善が進められる一方、戦前的な地方改良運動の伝統に依存した集落の自治組織を中心とする村ぐるみの取り組みとなり、現実の矛盾は共同体に埋没させられる傾向にあった。一九五〇年代に入ると青年団の自主性が高まり、共同学習運動をつうじて話し合いによる互いの関心の共有、生活現実をより深くとらえる視野の形成など学習の質的な発展をみた。他方で、地域課題の複雑化、多様化に対して共同学習の限界が認識され、より科学的、系統的な学習が模索されつつあった。

生産大学・農民大学の創設と学習の構造化

一九六〇年代の地域課題解決・地域づくり学習の創造的な展開として、長野県の信濃生産大学、そしてその影響を受けて各地に広がった農民大学が注目される。信濃生産大学は県内各地の農業青年のサークルを母体とする長野県農業近代化推進協議会が主体となって、年二回二泊三日で開催される合宿型の学習組織である。駒ヶ根市、県教育委員会、財団法人信濃生産教育協会を加えた四者の共催で、県内各地の公民館職員も運営に参加・協力するという公的支援を受けた自立的な学習機関として、一九六〇年から六六年まで継続された。市町村に基盤をおく各地のサークルと全県的な系統的学習の形態が統合され、農業・農村問題をめぐる生産学習（農業経営・農業技術）と、政治学習（農業・農村政策）を総合的にプログラム化した革新的な地域課題解決・地域づくり学習として、全国的にも影響を与えた。信濃生産大学の総主事をつとめた宮原誠一（当時、東京大学教授）は、学習の新たな発展について、次のように述べている。

信濃生産大学では、当初から次のような三重構造が構想されていた。第一に、近隣の仲間があつまってやるサークル学習。第二に、……サークル学習を基盤として、市・郡単位に一泊二日程度のセミナーが年に何回かひらかれる。……第三に、三月と八月に二泊三日の生産大学をひらく。これは最高の理論学習の場である。……サークル、セミナーの二段階をとおしてつみあげられてきた問題が、生産大学で煮つめられ、理論化され、そしてサークル、セミナーにかえされていく(34)。

このような学習の三重構造と一〇〇％の言論の自由のもとで、「事実から出発する」「調査にもとづいて、考え、判断し、発言すること」「農業経済を中心に諸科学の専門学者の協力」を求めること、そして「問題点を整理し、考えかたをふかめるためにみんなで知恵をしぼるが、結論はださない」という原則が重視された(35)。信濃生産大学は農業近代化にむかう国の農業政策の転換期に、農業経営の後継者として担い手となっている二〇代後半から三〇代の世代が、主権者として活路を切り拓く力を身につけていくための、高度な系統学習と共同学習の統合的学習形態を創出した。しかし、その試みは共催者の駒ヶ根市の事情により、六六年八月、一二回の開催をもって終了する。その後信濃生産大学は自立的な労農大学として継承され、さらに関東、北陸、東北でも、農業・農村問題を農民や労働者が共に学ぶ農民大学、労農大学が広がりをみていく。(36)

●調査から行動へ——婦人会・婦人学級による公害学習の展開

一九六〇年代から七〇年代にかけて、地域開発・公害問題をめぐる住民運動が活発化する。各地の公民館でも、生活者としての自立性が高まっていた地域婦人会や主婦のグループを中心に、公害問題や健康問題に取り組み、自治体に働きかけて生活環境や安全基準を改善する具体的な施策を引き出す学習と実践の広がりがみられた。

北九州市戸畑区は戦前から八幡製鉄所が進出し、一九六三年の町村合併の頃には人口一〇万人を超える工業地帯となった。婦人学級の開設準備会で地区の生活課題が話し合われ、製鉄所の煤塵により子どもたちが喘息で苦しんでいる状況、他方で企業城下町、夫が製鉄所に勤務しているため口に出せない、市役所も無策といった問題点が掘り起こされた。社会教育課の職員、林えいだい(のち記録作家)が担当して「生活と健康を守るための公害学習」を婦人学級のテーマにして、二年間にわたって緻密な公害実態調査をおこなった。その結果を『青空がほしいⅠ・Ⅱ・Ⅲ・Ⅳ』の八ミリ映画にまとめて大きな反響をよびおこした。婦人学級から婦人会の取り組みに発展し、市当局、企業の対策を促して、一三〇億円の除塵装置が設置されるにいたった。六年間に及ぶ学習過程を林は次のように述べている。

学校を出て一〇数年、数字に弱い家庭の主婦には、とくに大気汚染度や病欠率、死亡率の計算には頭を痛め、はじめて使用する計算機や平方根を開いて対数グラフに書き込む作業は困難をきわめた。……調査活動だけにとどまらず、青空をとりもどすための運動には科学的データをもとに市当局や企業に対して公害対策をせまるなど、学習に裏づけされたものだけに説得力のあるものになった。……公害が体質のようになってしまった北九州から公害を追放することはなまやさしいことではないが、やっと市民の間にも公害問題にたいするとりくみがみられるようになり、大学、高校、中学、労組、団体など火の手はあちこちからあがってきた。[37]

婦人会の学習活動は、市や企業の公害対策にとどまらず、戸畑区の緑地公園計画や公害に強い植木の研究、グリーンベルト地帯をつくる会の運動などのまちづくりへの提言にいたっている。「自分たちはきれいな空気を吸う権利がある」という基本的人権意識に目覚め、さまざまな妨害を乗り越えて家族の健康を守るために地域社会が連帯して住民意識を変えていった。婦人会のなかに公害問題専門委員会が設置され、山口大学公衆衛生教室の専門的な支援を受けたこと、社会教育職員集団が共に学習を支援し続けたこと、アンケート調査や八ミリ映画制作を通じて市民全体の関心を高め、世論形成を促したことなど、地域課題解決の主体を形成するダイナミックな学習過程が創出された。

●健康問題を切り口に地域を変える

長野県下伊那郡の北部に位置する松川町では、一九六〇年代半ば頃から小グループの自主的な学習組織を広げる活動を公民館・婦人学級が中心となって進めてきた。りんごの生産を主軸とする農村で、栽培農家の農夫たちの農薬被害が危惧されていた。公民館主事と地元の若妻読書会が農薬散布の作業者が被る健康被害について実態調査をおこない、婦人集会に投げかけるという過程で青年団や果樹同志会も関心を高め、一九七六年に「松川町健康を考える会」が開催されて、健康学習は地域課題解決学習として大きな広がりをみる(次頁の写真)。

保健婦や生活改良普及員、地域栄養士、農協生活指導員とも連携し、防除服や使用農薬の検討、農協負担による無料の定期健康診断の実施などの具体的な改善を導いている。町内各地に健康を考える会が発足し、男性も動きだして果樹同志会の学習会では農民約一〇〇人が「農薬は人体にどのような影響を与えるか」を研究討議している。住民の関心は、有機農業、食品添加物、子どもたちの虫歯、生活リズムやおやつ、アレルギー、副食、女性の労働、栄養、貧血、母性保護などの生活全体の諸問題へと広がり、諸団体の実態調査を集成した「健康白書」には、合成洗剤、河川汚濁・環境浄化、医療費・国保、寝たきり老人の実態など、健康・生活・環境問題が幅広くとりあげられている。その後もゴルフ場建設にともなう保安林伐採反対、ゴミ処理問題など、地域の環境浄化への取り組みへと波及していった。

一九六一年から松川町で社会教育主事・公民館主事をつとめていた松下拡《ひろむ》は、約二〇年間にわた

長野県下伊那郡松川町，健康学習の婦人集会．1979 年．提供＝松下拡氏．

る住民諸団体の学習が健康問題を切り口として、具体的な課題解決から生活全体のとらえ直しに広がっていったと意義づけている。[38]

松川町の公民館活動は、住民にとって切実な関心である健康問題から、農業労働・生活・地域・環境の全体への課題に目をむけていくという発展的な構造を生み出した。数多くの住民団体、自主学習グループが公的な支援を受けながら、みずから学習し、問題解決を探るという主体形成の学びの過程が展開され、さらに社会教育職員と他領域の専門職、専門機関との幅広い連携が形成されている、ネットワーク型の学習支援体制がつくられてきたことが課題解決につながっている。

高度経済成長期に、生活や健康を犠牲にしながら生産至上主義、自由競争主義、利便性の高いサービスによる消費市場などの構造的変化がもたらされるなかで、健康学習は、生活者一人ひとりがみずから健康で文化的な生活を守ることを問い、現代の地域づくり学習への水脈を形成したといえよう。

2　持続可能な社会にむけて

地域づくり学習への関心

バブル崩壊後、少子高齢化、東日本大震災などを転機として、地域再生・まちづくり・地域文化振興のビジョンが自治体レベルで模索され、より長期的な視野で地域の自立的発展や持続可能性を模索する取り組みが問われるようになった。公民館・社会教育行政においても、総合的な地域づくりやまちづくりのビジョンのもとでの社会教育の課題、地球規模の環境問題をふまえた地域の環境保全のための学習や活動、防災や福祉などの共助のネットワーク、地域社会の絆づくりなど、行政と住民諸団体との連携・協力、地域づくりのビジョンの共有などの課題に関心がむけられつつある。

長野県公民館運営協議会は「信州の公民館・七つの原則(原点)」として、①町村・地区設置(身近な地域主義)、②住民主体(主役は住民)、③地域課題学習、④総合的地域づくり、⑤分館協同、⑥公民館主事活動、⑦市町村自治、をあげ、地域課題学習を学習内容の中心にすえてきた。

しかし、六〇年代から七〇年代にかけて地域課題に取り組んだ公民館では、行政による学習内容への干渉や職員の配転問題が多発した。県公民館運営協議会は、あらためて「積極的中立」の立場で地域課題学習を取り上げることを提起している。「どのような『地域課題』であっても『よりよ

長野県栄村，1998 年の「絵手紙世界展」のようす．提供＝栄村国際絵手紙タイムカプセル館．

い地域』をつくっていくためなら学習課題として取り上げるのが公民館である」。「積極的中立性の立場に立ちながら地域での論争的な課題を住民が学習する権利を保障する」と述べて、県内で共通に取り組む地域課題として、①同和問題（人権）、②健康公害問題、③青少年問題、④地域ごとの課題、をあげている。(39)

地域課題解決学習を公民館学習の柱にすえてきた長野県において、政治的中立をめぐって揺れ動く事態に直面しつつ、県公運協として学習の自由と自立性を問い、住民と共に公民館の自立性を守り続けようとする姿勢が確立されてきた。このような議論を背景に展開された「特色ある公民館活動」として、表9－1のような事例が掲載されている。(40)

地域課題解決学習では、個別の地域課題に取り組むことをつうじて地域の全体像がより長期的視野でとらえ直され、住民諸団体がそれを共有するなかで、行政の支援を引き出しつつ、共に創り出す地域のあり方が次第に明確になっていくという時間をかけたプロセスが実現されている。地域課

表 9-1　長野県の「特色ある公民館活動」(1980〜2000 年代)

事　　業	地域名	内　　　容
戦時中体験記録集編集	松本市 笹賀公民館	戦地満蒙開拓，内地での戦争体験者 1300 人のアンケート，戦争体験の記録や戦争の恐ろしさ，悲惨さ，生活の苦しさを次の世代に伝える．
諏訪湖の浄化を考える	岡谷市公民館	諏訪湖のアオコ発生と水質汚濁の事態に対し，成人学校「ふるさとを知ろう」で，地形，公害，水生植物，漁業，野鳥などさまざまな角度で学習．諏訪地方公民館連絡協議会の 6 市町村が統一テーマ「環境浄化」で講座開設．諏訪湖の多面的な価値を見直す．
里山づくり支援事業	上田市 西部公民館	里山所有者と里山に関心のある住民が共に学び，山林の利活用の歴史を掘り起こし共有する．自治会，PTA，青少年育成会，自主グループと連携し，子ども里山体験，山ツツジの植林，自然観察会，縦走路整備などの支援事業，ボランティア養成をおこなう．
食セミナーで地域づくり	飯田市 伊賀良公民館	公募による実行委員会で畑からつくる体験学習を通じて食塾(人にやさしいまちづくり)をめざす．農家と結びつき，行事食，食文化の研究，地域の素材を活かし，自然との共生，健康を考える．
ぼくたちの「そば学習」〜学社融合講座	大町市 平公民館	小中学校教員，地区公民館主事，PTA，子ども会育成連絡協議会，社会福祉協議会，文化会館・図書館・山岳博物館・エネルギー博物館職員，文化財系学芸員，社会教育指導員，学校教育指導員で学社融合推進委員会を設置．そばの生産・加工・流通に学び種まきから，そばの栽培・観察・収穫・製粉からそば打ちまでを体験．そばについて 6 回の学校開放講座，地区文化祭で発表会．
絵手紙の村づくり (前頁の写真)	栄村公民館	東京で山路智恵(当時中学 2 年)絵手紙展を見た村民が村での開催を提案，1 万 2000 人来場．絵手紙教室開催，「小ちゃなしあわせ展」で作品募集．絵手紙愛好会が高齢者世帯に絵手紙を送るなど交流が広がる．「絵手紙世界展」には 100 カ国から 10 万通が寄せられ，村には日本絵手紙協会から寄せられた 63 万通の絵手紙をもとにタイムカプセル館が 2007 年に誕生．絵手紙万葉集常設展示室，山路智恵絵手紙美術館は 2015 年「白い森の美術館」としてリニューアルオープンし，「絵手紙の村」として世界に発信している．

出所)『長野県公民館活動史 II』(長野県公民館運営協議会) 2008 年より抜粋．筆者作成．

題解決から地域づくりへの学習の発展過程で、古くて新しく、そして「未来志向的・次世代型公民館」の創造、世代間・多文化・国際的な交流、地域住民組織だけではなく多様な専門家、NPO・NGOなど地域を越え、国境を越えたステークホルダーの連携が生み出されている。このような学習過程の創出自体が、鶴見和子らによって提起された「内発的発展」の具現化にほかならないといえよう。

鶴見は、政治権力や経済ではなく社会運動としての内発的発展において、「人々が自分自身を発展させ、自分たちの持っているものを発展させるために、自分たち自身を組織すること」に注目する。すなわち個々の住民がキーパースンとして創造的に発展の経路を切り拓き、そこで「新しい共通の紐帯を創り出す可能性をもつ場所」が「地域」であるという。(41) 公民館という学びの公共空間は、地域にねざしたノンフォーマル教育(学校外、社会における学び)の中核施設であり、内発的発展への人々の英知を集める可能性を秘めている。

ESDの推進と地域づくり学習

一九八〇年代から九〇年代にかけて、国際社会では二一世紀の国際社会のあり方として「持続可能な開発」(Sustainable Development)の概念が提起され、九二年のリオデジャネイロの地球サミット(国連環境開発会議)で「アジェンダ二一」が合意される。そこでは教育の重要性が指摘され、「持続可能な開発のための教育」(Education for Sustainable Development＝ESD)が国連、ユネスコの議題にすえられることになった。二〇〇二年の第五七回国連総会本会議では、二〇〇五年から一四年までの一〇年間を「国連持続可能な開発のための教育の一〇年」とし、二〇一五年の国連サミットでは「持続可能な開発目標」(SDGs)を中心に「我々の世界を変革する――持続可能な開発のための二〇三〇アジェンダ」が採択されている。日本政府関係省庁連絡会議が定めた「我が国における『国連持続可能な開発のための教育の一〇年』実施計画」では、「持続可能な開発、持続可能な開発のための教育」の必要性、課題が次のように示されている。

持続可能な開発とは、将来の世代のニーズを満たす能力を損なうことなく、現在の世代のニーズを満たすような社会づくりのことを意味しています。このため、すべての人が健康で文化的な生活を営むための取組が必要であり、貧困を克服し、保健衛生を確保し、質の高い教育を確保することなどが必須です。これらの取組は、性別、人種等により差別されず、公平に向上するよう取り組まなければなりません。またこれらの取組を資源の有限性、環境容量の制約、自然の回復力などを意識した節度あるものとし、将来世代へと持続する社会づくりとしなければなりません。さらに戦争や紛争は、難民を生み、環境を破壊するため、平和への取組が必要です。……このような持続可能な開発は、私たち一人ひとりが、日常生活や経済活動の場で、意識し、行動しなければ実現しません。まず、私たち一人ひとりが、世界の人々や将来世代、また環境との関係性の中で生きていることを認識し、行動を変革することが必要であり、そのための教育がＥＳＤです。(42)

この実施計画に従って、二〇〇八年には教育振興計画に教育機関の役割の重要性を盛り込み、学校におけるESD(学習指導要領に明記)、ユネスコスクールの活用、社会教育施設の取り組みを促し、二〇一四年一一月には名古屋市で「持続可能な開発のための教育(ESD)に関するユネスコ世界会議」を開催して、日本からESDをスタートさせることとなった。日本の計画の特徴として、社会教育において多様な主体が参画・協働する取り組み、公害経験を教訓とした地域再生、東日本大震災・福島原発事故の教訓として防災・減災、エネルギー問題や復興を通じてのESDがあげられている。

ESDをめぐる国際動向のなかで、国連大学は「ESDに関する地域拠点」(RCE = Regional Centres of Expertise on ESD)を認定している。日本で認定されている七カ所のうちのひとつ、岡山市公民館は、地域の多様な主体のネットワークによるESDの先進事例として注目される。名古屋での世界会議に先だち、二〇一四年一〇月に岡山市、文部科学省の主催で、「ESD推進のための公民館――CLC国際会議――地域で学び、共につくる持続可能な社会」をめぐる国際会議が開かれ、世界二九カ国、約七〇〇人の地域社会教育関係者が来訪して岡山コミットメントが採択された。その内容は一一月のユネスコ世界会議の「あいち・なごや宣言」にも継承されている。

岡山市は戦時中の空襲によって市内中心部の大半が焦土となった町であるが、一九四九年以降公民館の設置を進め、六〇年代から七〇年代には中学校区ごとに一館の体制をめざしてきた。現在、合併地域をふくめ人口約七三万人都市で三七館の設置をみており、それぞれの地域で地域課題に取り組む学習を積み重ねている。二〇〇五年度から社会教育主事有資格者の嘱託職員の正規化運動が取り組まれ、公民館の首長部局移管も社会教育施設としての公民館を守る住民の声を背景として阻止してきた。公民館のミッションとして「共生のまちづくりの拠点となること」をうたい、①地域住民のふれあいの場、②地域の文化創造の拠点、③自分自身と地域の未来を切り拓く力、④時代を拓く共生のまちづくりの拠点、⑤地域づくりの多様なネットワークのかなめ、という五つの具体的な機能の実現をめざしている(43)。

岡山市は二〇〇九年に政令指定都市として再発足することを契機に、環境との共生、「水と緑が魅せる心豊かな庭園都市」を目標とする基本構想を策定した。ここでは、「多様で豊かな環境をいかす」を第一目標にかかげて、①水と緑の都市プロジェクト、②自然との共生プロジェクト、③環境先進都市プロジェクト、④資源循環社会構築プロジェクトなどの具体的な行動計画を示している。環境先進都市として、NPO等と連携しながら環境学習を充実すること、幼児期から体験型の学習をおこない、市民一人ひとりが地球市民としての環境にやさしいライフスタイルを身につけるという目標をかかげている。

このような環境都市の構想にむけて、さまざまな環境市民団体、企業、大学・学校、公民館、メディア等が協力・連携する行政と市民の協働組織として、二〇〇五年に岡山ESD推進協議会が設置された。これを受けて、岡山市公民館は二〇〇七年にESDを公民館の中心的な事業方針にすえる。ESDという横文字は「えー(E)ものを子孫(S)の代(D)まで」という身近な表現で普及され、二〇一三年にはさらに岡山市教育振興基本計画にも位置づけられ、学校教育、ユネスコスクールなどでもESDに取り組むことになった。公民館で積み重ねられてきた数多くの地域課題の学習が、

ＥＳＤという多様なステークホルダーの関わる全市的な学習と実践の体系として明確化され、岡山市の都市構想の基盤をなす地域づくりの協働を促している。

ESDとCLC――グローバル化する社会における公民館の展望

二〇一四年一〇月に岡山市で開催された先述の「ＥＳＤ推進のための公民館――ＣＬＣ国際会議」では、あらためて日本の公民館を国際的なＣＬＣ(Community Learning Centers：コミュニティ学習センター)の展開の地平において、その意義を共有する最先端の討議がなされた(第Ⅲ部の扉写真)。

ユネスコは従来、ＥＦＡ(Education for All：万人のための教育)を主軸に識字教育を推進してきたが、「国連ＥＳＤの一〇年」、さらには「持続可能な開発のための二〇三〇アジェンダ(SDGs)」(第七〇回国連総会採択、二〇一五年)へのより包括的な目標にむけた地域にねざすノンフォーマル教育システムとして、ＣＬＣを重視するようになった。戦後の長い歴史をもつ日本の公民館の発展形態に関心が寄せられるとともに、岡山市のＣＬＣ国際会議には、インド、タイ、ネパール、インドネシア、バングラデシュ、マレーシア、ウガンダ、フィリピン、そして欧米諸国からの参加、一八カ国、三八本の事例発表があり、「コミュニティに根ざした学びをとおしてＥＳＤを推進する」プロセスについて共通理解が深められた。

岡山コミットメントでは、「誰もが排除されない持続可能な社会を築くため、教育の在りようを見直すときには、コミュニティに根ざした学びにこそ、要となる役割が与えられるべきである」と述べて、持続可能な社会づくりにむけてのＣＬＣの多面的な役割機能、「気候変動、生物多様性、レジリエンス（跳ね返す力）、防災、食料と栄養の安全保障」などに関する教育の必要性、問題解決の当事者同士が「実践の共同体」を創り出す意義、職員の専門的能力や組織の力量形成など、一五項目の行動が合意された[44]。

このような国際的地平でESD岡山モデルが発信されたことは、長い歴史をもちながら現代的なありようが揺らいでいる日本の公民館の今後の展望を考えるうえでも、大きな意義がある。岡山モデルの要は、市内二三〇団体が連携・協働する岡山ESD推進協議会である。事務局は市のESD推進課におかれており、岡山大学などの高等教育機関、市内の学校や公民館、多様なNPO、企業も参加している。次頁の図9-1のような組織構成によって、①地域の将来像を学ぶワークショップ、②社会課題解決の協働取組、③ESD人材育成研修、④全小中学校対象のESD研修、⑤ESDアワードの創設、⑥海外や国内・地域等の連携などが推進されている[45]。

この協議会は岡山ユネスコ協会も中心的役割を果たしており、従来型の地縁組織と利用者団体に限定されがちな公民館の運営組織と比べて、フォーマル、ノンフォーマル、そしてコミュニティと国内・国際社会をつなぐ、まったく新しい運営主体を形成していることが注目される。地域課題解決学習からESDへ、現代的課題に関する学習の高度化によってそのステークホルダーも高度な連携を生み出してきたといえる。

公民館が主催し、あるいは諸団体のネットワークのもとで具体化されている実践例をみると、自然体験、農業体験、食材と郷土料理、歴史再発見、おもちゃのリユース、子どもの居場所づくりや特別支援学校のサポーター、夏休みフリー塾、日本語教室、高齢者のカフェやESDカフェなど、

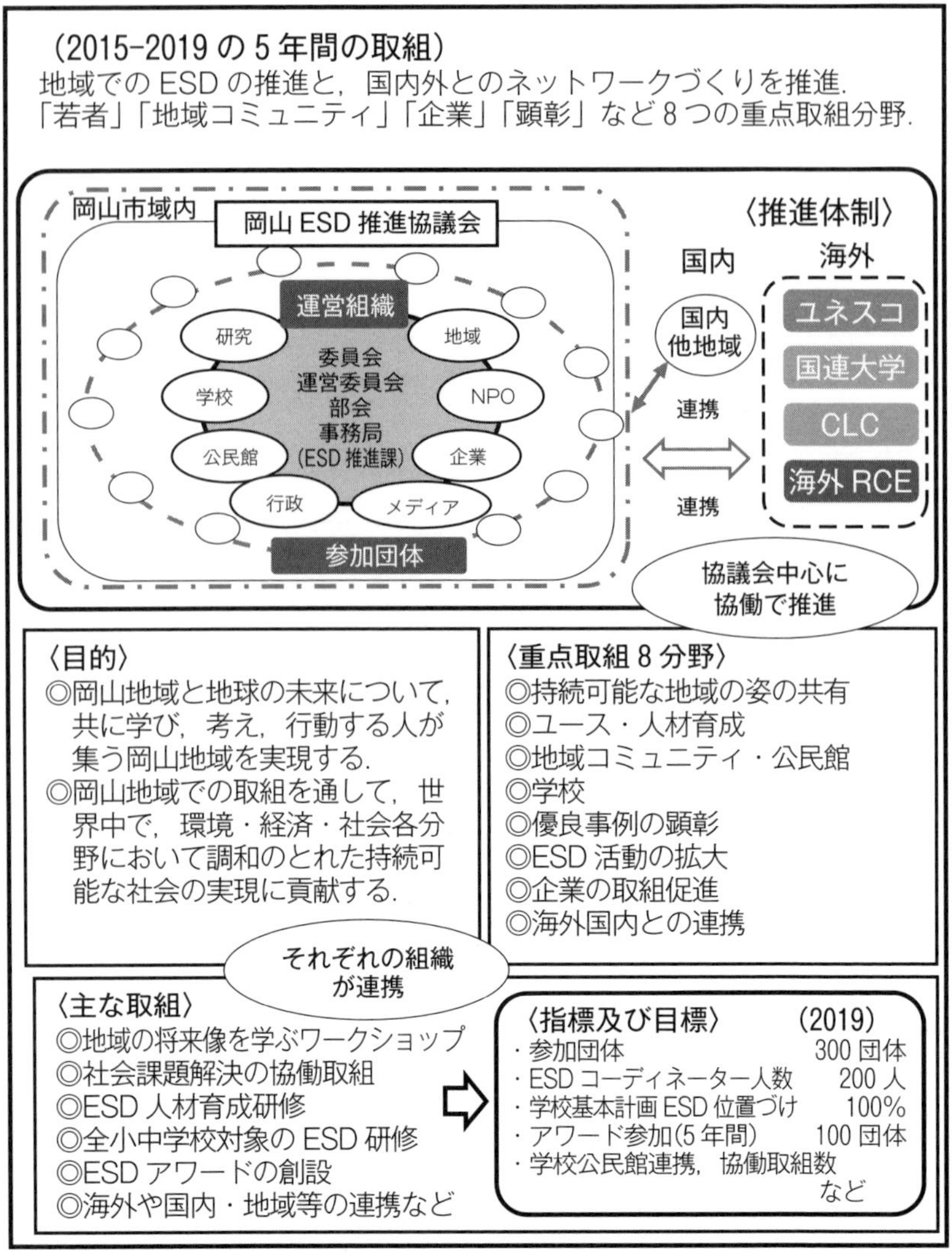

出所） 岡山 ESD 推進協議会「岡山 ESD プロジェクト基本構想改訂の概要」2015 年 5 月より作成．

図 9-1　岡山市の ESD プロジェクト（2015〜）と ESD 推進協議会

それぞれの地区の地域資源や人とのつながりを活かしながら、「環境」「共生」をテーマとする取り組みがなされている。(46) その一つひとつは他の地域の公民館でも取り組まれている実践と共通する面も多いが、詳細な地域マップの作成による地域資源や地域課題、地域の将来像の共有、取り組みの中期目標作成と年度ごとの評価、教材づくりやＥＳＤ検定などの啓発型事業、子どもから大人まで共に参加する体験型事業、演劇や映画などによる表現活動、地域環境調査から公共事業提案型にいたるまで、多彩な学習がＥＳＤという包摂概念によって体系的に展開されている点はきわめて先進的で、独自性が高い。岡山モデルでは、グローバルな視野をもちながら地域にねざす実践が位置づけられており、現代的諸課題を全市民が参加しながら発展的に学んでいく統合的なシステムが生み出されていることがわかる。

岡山コミットメントを引き継いだ「あいち・なごや宣言」では、ＥＳＤは「批判的思考、システム思考、分析的問題解決、創造性、協働、不確実なことに直面した際の決断、また、国際的な課題がつながっていることの理解及びこの自覚から生じる責任のような、地球市民そして地域の文脈における現在及び未来の課題に取り組むために必要な知識、スキル、態度、能力、価値を発達させることで、学習者自身及び学習者が暮らす社会を変容させる力を与える」と宣言している。何よりもその地域の住民が当事者として関心を共有し、科学的な知の探求にとどまらず、足元の地域に蓄積されている伝承的・体験的な知、調査分析と行動の選択、そして多様な地域・国際的なネットワークのなかでの対話など、ＥＳＤの学びは過去・現在・未来、足元の地域と多様に連関する地域という横断的・縦断的な方法によって、「持続可能性」というテーマにむきあうことを促している。

ESD岡山モデルは、公民館＝CLCがもっとも先端的な知の創出と協働の力の醸成の場となりうる可能性、「未来志向的・次世代型公民館」の展望を示しているといえよう。

(1) デューイ、松野安男訳『民主主義と教育(上)』岩波書店、一九七五年、一八頁。
(2) 宮原誠一「社会教育の本質」宮原編『社会教育』光文社、一九五〇年、四一、四五〜四七、五二〜五五、五八頁。
(3) 文部省社会教育局社会教育課編『成人教育の方法』一九五一年、一〜五、一七頁。
(4) 藤岡貞彦「政治教育」碓井正久編『社会教育(教育学叢書一六)』第一法規出版、一九七〇年。
(5) 日本青年団協議会「共同学習のまとめ――共同学習をすすめるために」社会教育推進全国協議会編『社会教育・生涯学習ハンドブック(第九版)』エイデル研究所、二〇一七年、五八一頁。
(6) 「共同学習」社会教育・生涯学習辞典編集委員会編『社会教育・生涯学習辞典』朝倉書店、二〇一二年、一一一頁。
(7) 千野陽一他編『社会教育実践講座　第三巻　現代社会教育実践の創造』民衆社、一九七四年、「月刊社会教育」実践史刊行委員会編『七〇年代社会教育実践史　I　地域に根ざす社会教育実践』、同『II 国民主体の社会教育実践』国土社、一九八〇年。
(8) 松下拡『健康問題と住民の組織活動――松川町における実践活動』勁草書房、一九八一年、小林文人編『公民館の再発見――その新しい実践』国土社、一九八八年、藤田秀雄編『平和学習入門』国土社、一九八八年、日本社会教育学会編『多文化・民族共生社会と生涯学習』東洋館出版社、一九九五年。
(9) 日本社会教育学会編『子ども・若者と社会教育――自己形成の場と関係性の変容』東洋館出版社、二〇〇二年、佐藤一子編『NPOの教育力――生涯学習と市民的公共性』東京大学出版会、二〇〇四年、

日本社会教育学会編『NPOと社会教育』東洋館出版社、二〇〇七年、立柳聡・姥貝荘一編、上杉孝實・小木美代子監修『未来を拓く子どもの社会教育』学文社、二〇〇九年。

(10) 日本社会教育学会六〇周年記念出版部会編『希望への社会教育――3・11後社会のために』東洋館出版社、二〇一三年、日本社会教育学会編『社会教育としてのESD 持続可能な地域をつくる』東洋館出版社、二〇一五年、佐藤一子編『地域学習の創造――地域再生への学びを拓く』東京大学出版会、二〇一五年、辻浩『現代教育福祉論――子ども・若者の自立支援と地域づくり』ミネルヴァ書房、二〇一七年、社会教育・生涯学習研究所監修『自治が育つ学びと協働 南信州・阿智村』自治体研究社、二〇一八年。

(11) 小川利夫『社会教育と国民の学習権』勁草書房、一九七三年、Ⅲ「現代社会教育の権利構造」第二章「社会教育の組織と体制」二二七、二三七～二四二頁、「[補論]教育基本法『第七条』の国民的解釈」二六四～二六五頁。

(12) 市川昭午『生涯教育の理論と構造』教育開発研究所、一九八一年、第Ⅴ章、六二～六七、九四～九七頁。

(13) J・W・ボトキン他、大来佐武郎監訳、市川昭午他訳『限界なき学習(ローマ・クラブ第六レポート)』ダイヤモンド社、一九八〇年。

(14) 文部省『わが国の社会教育――現状と課題』帝国地方行政学会、一九六五年。

(15) 宮原誠一「平和教育の動向」『宮原誠一教育論集 第一巻 教育と社会』国土社、一九七六年、一八六～一八九頁(初出は遠山茂樹編『日本資本主義講座 第九巻 戦後日本の政治と経済』岩波書店、一九五四年)。

(16) 津高正文「関西における社会同和教育の形成」日本社会教育学会編『現代社会教育の創造――社会

教育研究三〇年の成果と課題』東洋館出版社、一九八八年、第Ⅱ部第七章「人権問題と社会教育」四二〇～四二三頁。
(17) 井上英之「社会同和教育の位置づけ」同右、四一九頁。
(18) 藤田秀雄「平和学習」前掲『現代社会教育の創造』第Ⅱ部第一六章「住民運動と社会教育」六七七～六七八頁。
(19) 国際文書については堀尾輝久・河内徳子編『平和・人権・環境　教育国際資料集』青木書店、一九九八年。
(20) 前掲『平和学習入門』収録資料。
(21) 黒沢惟昭「現代的人権と社会教育」日本社会教育学会編『現代的人権と社会教育』東洋館出版社、一九九〇年、第一部、二～三頁。
(22) 日本社会教育学会編『講座　現代社会教育の理論Ⅱ　現代的人権と社会教育の価値』東洋館出版社、二〇〇四年。
(23) 前掲『平和学習入門』六二～六四頁。
(24) 以下の記述は、川崎市社会教育五十年史編集検討委員会編『川崎市社会教育五十年史』川崎市教育委員会、一九九八年、伊藤長和「市民がつくり出す川崎市の平和教育学級」前掲『平和学習入門』、星野修美『自治体の変革と在日コリアン――共生の施策づくりとその苦悩』明石書店、二〇〇五年。
(25) 同右『川崎市社会教育五十年史』一六六頁。
(26) 前掲「市民がつくり出す川崎市の平和教育学級」七八～七九頁。
(27) 濱井信三『原爆市長――ヒロシマとともに二十年』朝日新聞社、一九六七年、一〇六～一〇七頁。
(28) 広島平和文化センター編『(財)広島平和文化センター二〇年誌――センターの歩み』広島平和文化

センター、一九九七年、平和記念資料館啓発課及びその他の市民団体への聞き取り調査(二〇一七年一一月～二〇一八年八月)より。
(29) ひろしまの公民館五〇周年記念事業実行委員会編『ひろしまの公民館五〇年の軌跡――第一一回全国生涯学習フェスティバルに寄せて』一九九九年、三六～三七頁。
(30) 広島市公民館の活動状況については、広島市市民局生涯学習課、広島市文化財団ひと・まち・ネットワーク部管理課、市内公民館館長などへの聞き取りによる。
(31) 前掲『ひろしまの公民館五〇年の軌跡』四三頁。
(32) 上杉孝實『地域社会教育の展開』松籟社、一九九三年、一一八～一二〇頁。
(33) 同右、一九五頁。
(34) 宮原誠一「信濃生産大学に参加して」『宮原誠一教育論集　第二巻　社会教育論』国土社、一九七七年、三四九～三五〇頁。
(35) 同右、三五一～三五三頁。
(36) 同右、三六八～三六九頁。
(37) 林えいだい「婦人団体の公害学習と運動」戦後社会教育実践史刊行委員会編『戦後社会教育実践史第三巻　開発政策に抗する社会教育』民衆社、一九七四年、三三一～三三六頁。
(38) 前掲『健康問題と住民の組織活動――松川町における実践活動』一〇三～一〇四頁。
(39)「長野県公民館活動史Ⅱ」編集委員会編『長野県公民館活動史Ⅱ』長野県公民館運営協議会、二〇〇八年、一七三、一八七頁。
(40) 同右、収録資料から筆者が抜粋。
(41) 鶴見和子『内発的発展論の展開』筑摩書房、一九九六年、九、二五～二六、二八～三〇頁。

(42)「国連持続可能な開発のための教育の一〇年」関係省庁連絡会議「国連持続可能な開発のための教育の一〇年(二〇〇五～二〇一四年)ジャパンレポート」二〇一四年一〇月、同「我が国における『国連持続可能な開発のための教育の一〇年』実施計画(ESD実施計画)」平成一八年三月三〇日決定、平成二三年六月三日改訂。

(43)岡山市公民館の経緯については、ホームページ http://www.city.okayama.jp/category/category_00000075.html のほか、内田光俊「『ESD推進のための公民館――CLC国際会議』の意義と課題」前掲『社会教育としてのESD』。

(44)岡山市編『ESD推進のための公民館――CLC国際会議報告書』岡山市、二〇一五年三月。

(45)岡山ESD推進協議会「岡山ESDプロジェクト基本構想改訂の概要」二〇一五年五月。

(46)岡山市公民館ESD実践集編集委員会編『れんめんめん』岡山市、二〇一四年。

終章　グローバル時代の「学びの公共空間」をひらく

1　「対話的空間」の現代的意義

●転換期の社会教育施設

一九九〇年代から今日にいたる四半世紀は、高度経済成長期以上に大きな社会変動と社会的危機が進展している。グローバル化にともない雇用市場の国際化が進み、人口の東京一極集中による地方の過疎化・少子高齢化には歯止めがかからない状況となっている。地球規模の環境悪化・異常気象による甚大な災害も、こうした事態をさらに困難なものにしている。二〇四〇年には高齢化率が三五％を超え、東京都も三人に一人が六五歳以上となり、生活困難、孤立化の深まりのなかで、医療や福祉、介護体制も追いつかない状況になると想定される(1)。

こうした将来予測を含む社会的危機のもとで、都市、農村を問わず、地域再生が自治体生き残り策として必須の課題にすえられるとともに、分権型社会の構築、自治体行財政改革、組織再編、民間的経営手法の導入などの合理化が進められつつある。戦後復興から高度経済成長期を通じて人々が都市でも農山漁村でも、生活と文化の向上、共に学び交流することを求めて学びの公共空間を豊かにしてきた戦後社会教育の歩みは、新たな模索の段階に入っている。

東日本大震災以降、公民館が避難所として重要な役割を果たしていることもあり、防災・まちづくりセンターなどとの複合的機能が求められ、公民館設置条例を廃止してコミュニティ・センターやまちづくりセンターなどとして首長部局に移管するケースが増えている。

二〇一八年の中教審生涯学習分科会のまとめでは、社会教育施設の所管について、「地方公共団体の判断により公立社会教育施設の所管を地方公共団体の長とする」ことを特例として認めることとなった。公民館、図書館、博物館、青少年教育施設等が、福祉、労働、産業、観光、まちづくり、青少年育成などの行政分野と直接的に連携し、複合的な機能を果たすことが期待されているが、現実には諸機能のなかに解消されて、独自性を保つことが難しくなる可能性も大きい。中教審生涯学習分科会の審議でも首長部局への移管によって、教育的な自立性、政治的中立性を確保できるのかが危惧されているが、その歯止めとなる仕組みについては十分検討されていない。住民参加の運営を保障する公民館運営審議会も任意設置となり、統合ないしは廃止されるケースも増えている。

大きな社会変動と政策的転換のもとで、住民の参加、自治的な学びの公共空間としての公民館は、その本来の機能を維持しうるかどうか、岐路に立たされている。

「コモン」(共通性)の機能の回復

本書では、序章で述べたように公民館を「学びの公共空間」と規定し、国家に関係する公的な設置(official)、共通性(common)、公開性(open)という公共性の三つの側面からとらえてきた。「公共の場」で他者と出会い、意見を交わし、相互に学び合い、協力・協同して社会参加の道筋を創造的に切り拓いていくことによって、新たなコミュニティが形成される。公民館、図書館、博物館などの社会教育施設の設置は、そうした自己教育・相互学習のための環境を行政が整備し、都市化・消費社会化によって失われつつある共同性を回復し、地域社会の文化性を高める意義をもっている。

このような公共空間が、大衆消費社会の最先端であるアメリカで強く求められている。政治学者B・R・バーバーは「市民社会には私たちの場所があるべきである。それは、真に私たちのための場所であり、私たちが共有しているもののためであり、共有の中で私たちが育っていく場所である」(傍点原著者)と述べて、消費社会から市民社会をとりもどすために「〈私たち〉の場所」が不可欠であると主張する。バーバーは、政府と市場の中間領域として市民社会があり、「学問、余暇、正義、機会」などが「民主主義的な市民社会の厳粛な処方箋」になるとして、強くしなやかな民主的市民社会の発展における「〈私たち〉の場所」の必要性を提起している(2)。

都市社会学者のR・オルデンバーグは、「サードプレイス」(第三の場所)という表現で日本にも大きな影響を与えている。「サードプレイス」とは、「家庭と仕事の領域を超えた個々人の、定期的で自発的でインフォーマルな、お楽しみの集いのために場を提供する、さまざまな公共の場所の総称である」。古代ギリシャ・ローマの「アゴラ」やロンドンのクラブに源をもつ「公共的集いの場」は、人を平等にする機能をもち会話を主な活動とする。利用しやすいが地味で目立たない、その雰囲気に遊び心がある「もう一つのわが家」であり、「ぬくもりと友情」が育まれている。

オルデンバーグが重視していることは、「インフォーマルな公共生活がよく発達している社会の大きな利点は、その内部で貧困がほとんど重い負担にならない」という点である。人々が私的生活中心で互いに無関心となり孤立化すればするほど、生活の安全保障も自己責任となり、負担できる人とそうでない人の貧困・格差の連鎖が増幅する。サードプレイスは、「たまり場」よりも積極的に「互いに刺激しあう強さ」、「そこに集まって新味を出す人々の集団としての能力」を育む。さらに消費社会のひずみ、孤立化、貧困化にさらされている現代社会において、「幅が広く、多様性」をもつ交友、「幅広いものの見方」「知的討論」「政治対話」を通じて「コミュニティの協働、協力」を生み出す力となると指摘する。(3)

オルデンバーグが注目する「サードプレイス」は公立施設には限定されず、むしろ街区に存在するカフェや同好会の場所がイメージされている。日本では、誰もが自由に出入りでき、サークルとして定期的に集まり、「ぬくもりと友情」、「知的討論」、「政治対話」を重ねる場として公民館がその機能を果たしてきたことは、本書のさまざまな事例で明らかにしてきたとおりである。公民館の設置過程では、戦後当初、「コモン」という性格がもっとも重視されたが、公的(オフィシャル)な性格が強まれば、戦前の民衆教化体制の伝統である「民衆にたいして『施し設ける』ものという観念」(4)が復活し、社会教育機関としての自立的運営や市民の主体的な参加の権利がないがしろにされる。あらためて「コミュニティの核になる『とびきり居心地よい場所』」として、公民館の「コモン」の性格・機能を拡充・強化し、公民館運営審議会、企画委員会、実行委員会、公民館だより編集委員会、公民館ボランティア活動、さらに地区内にある住民主体のサードプレイスとのネットワークや協働を重視していくことが課題となっているといえよう。

●「多様性の価値」という学習資源を活かす対話的空間

「たまり場」にとどまらない社会教育施設の独自性は、多様な価値をもつ情報・資源・人を媒介として意図的な学習を促している点である。第一章で述べた「図書館の自由に関する宣言」や「美術館の原則と美術館関係者の行動指針」に明記されているように、「知る自由の保障があってこそ表現の自由は成立する」、「人々のさまざまな価値観が出会いぶつかり合うなかで、表現活動と鑑賞活動を通じて、不断に新たな価値が生み出されていく」のである。

情報・資源には、学問的科学的な知、経験やキャリアにもとづく経験知・技、文化財、地域に伝承されているローカルな知や生活文化、芸術的表現、生き方・人生観など無限の広がりがある。「大人の学び」あるいは「世代を超えて交流する」事業が常にプログラム化されている公民館などの社会教育施設では、継続的な学びを通じて熟達者(エキスパート)、生涯現役者を多数生み出し、また次世代継承の営みを多元化・重層化する力が蓄えられる。常に相互的な関係、経験や関心を媒介とする対話的な学習が展開されることによって、学習者自身がエンパワーされ、社会と関わり合う力を身につけることが生涯学習の意義であり、特質といえる。単に個々人が情報・資源を探求するだけではなく、「他者」と関わり合い、地域という場に参加することを通じて、批判的思考と集団としての力量が高められ、創造性が育まれる。(5)

九条俳句不掲載問題の経緯を思い起こしてみると、「なぜ掲載できないのか」という作者や俳句会会員の強い思いは、俳句の創作・相互批評過程で培われた相互学習の価値への信頼と、自己の尊厳の自覚にねざしているといえる。公民館が法的根拠もなく「公共の場」における「公平・中立性」という規制をおこなうこととは、まったく次元を異にしている。そして「公」の名による規制自体が、現代社会から「公共空間」を閉め出し、「他者」と関わり合う関心共同体を衰退させ、民主主義そのものを葬ることにもなりかねない。

「対話する社会へ」をよびかけている暉峻淑子《てるおかいつこ》の近著にも、その危機を感じさせるひとこまが記されている。東京練馬区で地方分権一括法の施行に関連して自治体基本条例についての講演会で専門家の話を聞く機会があり、その内容が充分でなかったため、もっと勉強したいという人々が集まって区民センターで月一回「対話的研究会」が開かれることになった。数年継続して、年一回講師を招く公開の「対話的講演会」の開催について、区民の催しの情報を掲載する練馬区報の「区民のひろば」欄に記事掲載を申し込んだところ、「対話的」という言葉が削除されて掲載されたというのである。「対話的」という言葉がなぜいけないのか、区の広報課と話し合った結果、区は謝罪して翌月に「対話的」という語を復活させて記事が再掲された。暉峻は、この事件をきっかけにあらためて「対話的」の意味を話し合い、共有することになったという。「対話には民主的というか、人権優先の思想が流れています。いいえ、対話そのものが人権思想をつくり出すのかもしれません。……対話の持つ平等性、相互性、話し手の感情や主観を排除しない人間的全体性、勝ち負けのない対話の中から生まれるものへの尊敬――それらのことが対話の魅力になっているのです(6)」。区の広報課の用語規制が、このような意義をもつ対話空間の萎縮を招くとすれば、公正で民主的な行政、市民協働などの地方自治の根幹が揺らいでいると考えざるをえない。

「対話する社会」は、孤立化や国際的な対立が深まる現代社会における希望の道標といえよう。そこでは出生、性、職業、価値観などを異にする多様な人々が相互理解を求めてつどい、自由に自己を表現する。公民館が「民主主義的な訓練の実習所」として設置が奨励された戦後初期以来の歴史をふりかえるとともに、とりわけ現代社会では、多様性の価値の尊重こそが豊かな対話的な学びを発展させることを銘記しておきたい。同時に、対話的空間における住民のエンパワメントなくして地域再生は実現しえないという見識が自治体行政当局に問われているのである。

2　ＣＬＣとしての国際的発信

アジア地域に広がるCLC(コミュニティ学習センター)

ユネスコ・アジア文化センターは、アジア太平洋地域のノンフォーマル教育関係者と日本の公民館の交流を促進しており、アジアの関係者が日本各地の公民館の視察・交流をつうじて、その運営や学習のプログラムについて学び、持ち帰っている(7)。ＣＬＣは住民参加による運営をつうじて識字教育、技能訓練、コミュニティ開発、政府やＮＧＯとの協力を進め、「包括的なコミュニティの発展に寄与する」ことを目的としている。岡山市で開催された「ＥＳＤ推進のための公民館――ＣＬＣ国際会議」も交流を広げる重要なきっかけとなった。日本の公民館をアジア社会に発信することは、公民館の歩み、経験を伝えるだけではなく、発展段階の異なるグローバルな社会に目をむけ、開発途上地域の問題を共有するとともに、多様性について学び合う国際連帯的な生涯学習の機会ともなっている。

開発途上地域では、学校を補完する意味合いも含めて「学校外」(ノンフォーマル)教育という用語が使われ、一九七〇年代以降多様な教育機会が広がってきた。文部科学省とユネスコ・アジア文化センターは協力して『公民館 Kominkan: Community Learning Centers (CLC) of Japan』というパンフレットを作成して国際社会に発信している。CLCは九〇年代後半以降にアジア地域を中心にユネスコがノンフォーマル教育(学校外教育)を推進してきた学習施設である。「学校外の地元教育施設であり、通常、地元の人々によって設置、運営され、コミュニティ開発と個人の生活質向上のための多様な学習機会を提供する施設」(UNESCO, 1995)と定義されている。(8)

ユネスコは九〇年代後半からCLCの設立・運営を支援し、現在、タイに八五〇〇、ベトナムに九〇一〇、インドネシアに四九五六以上のCLCが設立されている。インドネシアでは、九〇年代末にユネスコの支援によってNGOが取り組み、住民のイニシアティブで広がったことを受け、教育省の政策にも位置づけられるにいたっている。「社会的弱者や社会から取り残された人々に重点」をおいて「識字教育、早期子どものケアと教育、同等教育プログラム、技術研修、起業家訓練、女性教育、読書プログラム等、ノンフォーマル教育に含まれる様々なプログラム」が実施されている。(9)

日本ユネスコ協会連盟も、一九八九年から「ユネスコ世界寺子屋運動」に参加、協力し、カンボジアを中心に女性の識字教育、公教育が保障されない青少年の自立にむけた教育支援などを目的とするノンフォーマルな学びの場の提供の支援を行ってきた。カンボジアの寺子屋の事例では、地域のニーズにねざして識字教育、バスケット作り、養鶏研修、ハンディクラフト(ミシン、スカーフ織、養蚕、木彫刻など)が実施されている。ユネスコ世界寺子屋運動は二〇年間で四三カ国一地域、一二二万人、支援総額約二一億円以上に及ぶ。このような協力を発展させるために、日本ユネスコ協会連盟も各国の寺子屋関係者を日本に招請し、公民館視察を推進している。(10)

●公民館を核とする「地球市民の学び」

日本の「生涯学習体系への移行」の過程で、社会教育施設の位置づけがあいまいになりつつある一方で、CLCとして豊かな経験を蓄積している日本の公民館が国際的な発信力を強めていることを見落としてはならない。日本独自の社会教育施設といわれてきた公民館を国際的視野から再評価することは、グローカルな課題解決学習へのアプローチともなりうるのである。

アジア太平洋地域は、日本にとって「後進」地域であり、戦後日本の社会発展のあとを「追いかける国々」ととらえることは、あまりにも自国中心の単線型の社会発展認識である。生産至上主義で環境への配慮がないという「先進的」な発展が、グローバルな「持続可能な開発」にとって弊害となるという問題ひとつとっても、多様な発展段階の多様な技術、資源の価値や活用を国際レベルで相互に学び直す必要がある。太平洋戦争期の侵略と敗戦を経て、戦後の日本がアジア諸国とどのように平和・友好を築いてきたのかという国際関係史も、次世代に継承されるべき学習課題である。

本書では現代的課題に関する学習として、人権教育・平和学習、国際理解教育、地域課題解決・地域づくり学習・ESDの取り組みに注目した。国連は「我々の世界を変革する――持続可能な開発のための二〇三〇アジェンダ」(二〇一五年、第七〇回国連総会)で、「持続的で包摂的な経済成長、社会開発、環境保護及び貧困・飢餓撲滅を含めた、持続可能な開発にとってきわめて重要である世界」「生物多様性を尊重し、強靭(レジリエント)なものである世界。人類が自然と調和し、野生動植物その他の種が保護される世界」をめざすとしている。

公民館の地域課題解決・地域づくり学習では、日常生活圏・学区・地域共同体にねざして課題を共有することがベースとなっており、地区・自治体を越えたネットワークの形成は充分に実現されていない。国際理解・国際交流は国際交流課などの所管課にまかせ、課題として取り組むことは難しいという公民館も少なくない。

しかし、本書第Ⅲ部でみてきたように、地域社会自体がグローバル化しており、国際理解・異文化理解を深めることは重要な現代的課題となっている。むしろ地域の国際化・多文化化という視野をもたなければ、子どもや若者、次世代に継承される持続可能な地域づくりは実現しないといっても過言ではない。中等教育・高等教育のレベルでは、修学旅行、スタディ・ツアー、インターンシップなどで海外滞在経験を積極的に取り入れている。一方、社会教育施設では、地域自体の国際化・多文化化に直面しており、日本語教室や国際交流、多文化・多言語サービスなどの活動が幅広く求められている。地域に参加し、これらの地域の課題を担うことをつうじて異文化理解、外国人支援、国際交流・国際協力、平和と人権、持続可能な開発などの学習を深め、地球市民としての意識を高めることは、地域課題解決学習の中心テーマとなりつつある。

本文ではふれることができなかったが、公民館活動の先進地長野県飯田市では、地区公民館体制を基盤として全市的な飯田人形劇フェスタの取り組みを発展させ、二〇一八年八月には一〇日間にわたって四〇周年世界人形劇フェスティバルが開催された。全国から約二三〇劇団、海外から三〇劇団、地元飯田市からも子どもたちや社会人劇団六〇団体が参加・上演するという人形劇のまち飯田の大規模な祭典である。国際人形劇連盟がコーディネートするAVIAMA(人形劇の友、友好都市国際協会総会)も期間中に開催され、本拠地フランスのシャルルヴィル・メジェール市をはじめ、加盟都市各国から関係者が多数集まった。信州伊那谷の伝統人形芝居の保存継承から人形劇の全国的祭典へ、そして人形劇文化を発信する国際文化都市へと、飯田市は国際化への歩みを進めている。一九七九年の国際児童年に端を発した飯田の人形劇のまちづくりも、グローカルな地域づくりを実現している社会教育・公民館活動の典型事例といえよう。(11)

このようなパースペクティブを行政のみならず市民が主体的に共有することこそ、「地球市民としての学び」の過程にほかならない

むすび　グローバル時代の民主主義とリテラシー

ユネスコの国際成人教育論は、一九六〇年代の生涯学習論、七〇年代の被抑圧者の教育論、そして九〇年代の共生と共学の提起を通じて、グローバルなレベルでの「社会的結合から民主的参加」へと、議論が深められてきた。二一世紀教育国際委員会報告(一九九六年)では、「地域社会から国際社会へ」の転換のなかで、他者への理解を深め、国際的な連帯を築くことができるかというグローカルな視野の形成を基本課題として提起している。(12)

二一世紀に入ってからの議論では、識字・基礎教育（EFA：万人のための教育の機会均等）とESD（持続可能な開発のための教育）を統合させた包括的（inclusive）な視野、人間主義的アプローチ、そして教育は公共財（public goods）にとどまらず、グローバルな共有材（common goods）とみなされるという「教育についての再考」が提起されている。(13) グローバル化する世界で「共に生きることを学ぶ」（learning to live together）行為が広がれば広がるほど、「知識は人類共通の遺産」となり、「多様なステークホルダーの役割と責任」が重要性をもつようになる。「国民教育」のあり方も変容し、グローバル化した世界で、文化的多様性を尊重しつつ「地域、国、世界レベルで、……市民的・社会的行動に参加する」能力を習得するグローバル・シティズンシップの形成が課題とされる。

近年の日本の教育政策では、加速する少子高齢化、グローバル化、地球規模の課題などへの対応を視野に入れ、①社会を生き抜く力の養成、②未来への飛躍を実現する人材の養成、③学びのセーフティネットの構築、④絆づくりと活力あるコミュニティの形成、が促されている。「自立、協働、創造……理念の実現に向けた生涯学習社会を構築」することをうたい、グローバル人材の養成とともに、「セーフティネット」として、教育費負担軽減や困難をかかえた子ども・若者の学び直しの機会を充実させる施策を位置づけている。また、「互助・共助による活力あるコミュニティの形成」をめぐってコミュニティ・スクール、学校支援地域本部、大学の地域貢献、家庭教育支援体制の強化があげられ、社会教育では「地域学校協働活動」という新たなシステムに力点がおかれている。(14)

学校と地域の連携は、子どもの地域参加にとっても欠かせない視点である。しかし「学校を核とした地域づくり」のモデルによって社会教育を「ネットワーク型行政」として性格づけ、「その推進を通じた社会教育行政の再構築を行っていく」という構想は、学校中心主義で、きわめて矮小化されている。実際、二〇一八年一〇月の文部科学省の組織再編により、生涯学習政策局は総合教育政策局に名称変更され、社会教育課は廃止された。地域学校協働を筆頭とする地域学習推進課の最下位に「社会教育施設担当等」がおかれている。

戦前の「非施設団体中心主義」の反省のもとに、戦後は公民館、図書館、博物館等の施設体系を基盤とする社会教育制度が推進されてきた。全国各地で職員と住民の協働によって社会教育施設が運営されてきた営みをふまえると、二〇一〇年代の今日、社会教育の理念を自立的、創造的に実現する「学びの公共空間」としての社会教育施設の位置づけは、大きく揺らいでいる。

しかし、学びの公共空間は、グローバル化する世界において民主主義のリテラシーを身につけ、複雑化する現代的課題をめぐる相互学習、協同の課題解決の力量形成のための必須の場として求められている。デューイは、「共同社会《コミュニティ》すなわち社会集団が、絶え間ない自己更新を通して自己を維持する」(ルビ原文ママ)ことを「民主主義と教育」の基本認識として述べている。(15)

相互に関わり合う対話的な学びの発展を求める多様なステークホルダーの連携によって、学びの公共空間は、創造的に、そしてグローカルに更新されていくにちがいない。

(1) 河合雅司『未来の年表——人口減少日本でこれから起きること』講談社、二〇一七年、NHKスペシャル取材班『縮小ニッポンの衝撃』講談社、二〇一七年。
(2) B・R・バーバー、山口晃訳『〈私たち〉の場所——消費社会から市民社会をとりもどす』慶應義塾

大学出版会、二〇〇七年、五七、四六～四七頁。
（3）レイ・オルデンバーグ、忠平美幸訳『サードプレイス――コミュニティの核になる「とびきり居心地よい場所」』みすず書房、二〇一三年、第I部第一章、第二章、五三、五九頁。
（4）三井為友「社会教育の施設」長田新監修『教育学テキスト講座　第一四巻　社会教育』御茶の水書房、一九六一年、一六一頁。
（5）高橋恵子・波多野誼余夫『生涯発達の心理学』岩波書店、一九九〇年、今井むつみ『学びとは何か――〈探究人〉になるために』岩波書店、二〇一六年など。
（6）暉峻淑子『対話する社会へ』岩波書店、二〇一七年、第二章、第三章、一〇九～一一〇頁。
（7）柴尾智子「世界のコミュニティ学習センターの発展のために　アジアが注目！公民館」『ACCUニュース』No.373、二〇〇九年五月号。
（8）大安喜一『コミュニティ学習センターにおける公共性の展開に関する研究――バングラデシュ、タイ及び日本の地域事例の検証』Osaka University Knowledge Archive: OUKA, http://ir.library.osaka-u.ac.jp/dspace/, 2017. 10, p. 14.
（9）財団法人ユネスコ・アジア文化センター（ACCU）「平成二〇年度『公民館の国際発信に関する調査研究』海外のコミュニティー学習センターの動向にかかる総合調査研究報告書」二〇〇九年三月、一六頁。
（10）川上千春「カンボジアにみる〝寺子屋〟の底力――『ユネスコ世界寺子屋運動』を通して」同右、三六～四三頁。
（11）佐藤一子『地域文化が若者を育てる――民俗・芸能・食文化のまちづくり』農山漁村文化協会、二〇一六年、第二章。

(12) ユネスコ「二一世紀教育国際委員会」報告書、天城勲監訳『学習――秘められた宝』ぎょうせい、一九九七年(原文は一九九六年)、第一部第一章。
(13) *Rethinking Education: Towards a global common good?*, UNESCO, 2015.(文部科学省仮訳)
(14)『第二期教育振興基本計画』平成二五年六月一四日閣議決定。
(15) デューイ、松野安男訳『民主主義と教育(上)』岩波書店、一九七五年、二五頁。

あとがき

九条俳句がさいたま市の地区公民館だよりに不掲載となって、四年半が過ぎました。

当初は、参加者が自由に表現し、互いに高め合ってきた俳句会の作品に、なぜ公民館が介入するのかという当事者、市民たちの素朴な疑問が出発点でした。訴訟の過程で、「公民館とはどのような学びの場であるのか」という問題が深く問われることになりました。

「公民館は利用していない人にとってわかりづらい、みえにくい場所」という意見をときどき耳にします。公民館が住民の学習の権利を保障する社会教育施設として、戦後直後から全国各地に広がってきたことは、あまり知られていないかもしれません。しかし公民館は図書館や博物館よりもはるかに設置数が多く、全国的にほぼ中学校区に一館という設置状況にあり、利用人口も年間約二億人に達しています。そして何より重要なことは、公民館が、全国各地で人々がつどい、学び合い、互いのつながりを生みだし、コミュニティを創造するよりどころとなっているということです。

九条俳句訴訟をとおして憲法的な人権、学習権思想にもとづく公民館のあり方をめぐって、学習者・市民、社会教育関係者をはじめ、表現活動に関心をもつ芸術家やメディア関係者の間で議論が深められてきました。本書では、あらためて、学びと創造の公共空間である公民館のあり方、その過去、現在、未来について考察していきます。

第Ⅰ部では、公民館、図書館、博物館の知る自由、学ぶ権利について現場で問われてきた課題を検討し、九条俳句訴訟が投げかけている問題を掘り下げています。公民館は地域社会における「公共の場」であり、住民が「自己教育・相互学習」を自主的に展開するうえで、職員は、思想・信条の自由や表現の自由を尊重し、住民に対して公正でなければならないということが、さいたま地裁、東京高裁の判決で示されました。社会教育施設や一般公共施設で「政治的中立に反する」という理由で施設利用の規制がなされるケースが各地で発生していることに対して、九条俳句訴訟の高裁判決は大きな意義をもつといえます。今後の最高裁の判断が注目されます。

第Ⅱ部と第Ⅲ部では、「コミュニティを創る」「現代的課題に関する学習」という二つの視点で、戦後公民館の実践史をふりかえっています。ここでは、以下の二つのことが浮き彫りにされています。

ひとつは、戦後の平和な社会を建設するという全国各地にわき起こった人々の思いこそが公民館を根づかせてきたということです。とりわけ農村部の先進的公民館や、都市部の東京杉並区、被爆地広島市の公民館設立過程には心打たれます。公民館をよりどころとして平和で文化的な地域がつくられてきた歴史を、私たちはしっかりと記憶に刻み直す必要があります。

もうひとつは、それぞれの地域社会で住民が生活課題・地域課題にむきあい、文化を創造してきた営みが、現代のグローバル化が進む国際社会で、ＣＬＣ（コミュニティ学習センター）として普遍的な発信力をもちつつあるということです。開発途上地域でＣＬＣを設置し、貧困の解決や子ども・若者、女性の自立のために文化的教養の普及や技術の習得を促すことは、持続可能な開発目標

(SDGs)をめざす「地球市民の学び」として、人類的な価値をもちつつあります。

現代の日本では、自治体合理化の一環として公民館を廃止、あるいはコミュニティ・センターなどに複合化する動きが広がっています。しかし、地域にねざす自立的な学習文化施設として公民館が蓄積してきた価値を見失うことがないよう、あらためてその歩みを振り返り、「学びの公共空間」を再構築するうえで、本書から示唆を読み取っていただければ幸いです。

全国各地の事例の記述、写真掲載については、巻末一覧にあげさせていただいた関係者、諸機関のみなさまに多大なご協力を賜りました。本書の刊行については岩波書店編集部・田中朋子氏のご尽力をいただきました。記して深く感謝の意を表します。

二〇一八年一〇月

佐藤一子

［写真提供者一覧］

写　真

九条俳句の書
「九条俳句訴訟」東京高裁勝訴
東京都杉並区立公民館・杉並の女性たちの原水爆禁止署名運動
信濃木崎夏期大学信濃公堂夏期講座
妻籠公民館
国立市公民館・喫茶わいがや
国分寺市公民館・子ども農業体験講座
西東京市公民館だより
岡山市・CLC国際会議
原爆慰霊碑ガイドボランティア
長野県下伊那郡松川町・健康学習の婦人集会
長野県水内郡栄村・絵手紙世界展

提供者・提供機関

俳人・森田公司氏
「九条俳句」市民応援団
安井家保存資料
一般社団法人北安曇教育会
長野県木曽郡南木曽町博物館
国立市公民館
国分寺市立並木公民館
西東京市公民館
岡山市
広島市竹屋公民館
松下拡氏(元社会教育主事)
栄村国際絵手紙タイムカプセル館

佐藤一子

1944年生．東京大学名誉教授．東京大学大学院教育学研究科博士課程修了．博士(教育学)．埼玉大学教育学部助教授・教授，東京大学大学院教育学研究科教授，法政大学キャリアデザイン学部教授，元日本社会教育学会会長．専門は社会教育学，生涯学習論，地域文化論．主な著書に，『文化協同の時代 ── 文化的享受の復権』(青木書店)，『生涯学習と社会参加 ── おとなが学ぶことの意味』(東京大学出版会)，『世界の社会教育施設と公民館 ── 草の根の参加と学び』(共編著，エイデル研究所)，『現代社会教育学 ── 生涯学習社会への道程』(東洋館出版社)，『イタリア学習社会の歴史像 ── 社会連帯にねざす生涯学習の協働』(東京大学出版会)，『地域学習の創造 ── 地域再生への学びを拓く』(編著，東京大学出版会)，『地域文化が若者を育てる ── 民俗・芸能・食文化のまちづくり』(農山漁村文化協会)，『九条俳句訴訟と公民館の自由』(共編著，エイデル研究所)など．

「学びの公共空間」としての公民館
── 九条俳句訴訟が問いかけるもの

2018年12月21日　第1刷発行

著　者　佐藤一子《さとうかつこ》

発行者　岡本　厚

発行所　株式会社 岩波書店
〒101-8002 東京都千代田区一ツ橋 2-5-5
電話案内 03-5210-4000
http://www.iwanami.co.jp/

印刷・精興社　製本・松岳社

ISBN 978-4-00-024827-3　　Printed in Japan

〈思考のフロンティア〉
公共性　齋藤純一　B6判一二八頁 本体一五〇〇円

対話する社会へ　暉峻淑子　岩波新書 本体八六〇円

社会への投資
―〈個人〉を支える〈つながり〉を築く―　三浦まり編　四六判三二〇頁 本体二〇〇〇円

2050年
超高齢社会のコミュニティ構想　若林靖永 樋口恵子編　四六判二〇八頁 本体一七〇〇円

《自粛社会》をのりこえる
「慰安婦」写真展中止事件と「表現の自由」　安世鴻 李春熙 岡本有佳編　岩波ブックレット 本体六二〇円

―岩波書店刊―
定価は表示価格に消費税が加算されます
2018年12月現在